PROGRAMAR
CON PYTHON
¡MOLA!

Dani Manchado

Programar con Python ¡Mola!

Dani Manchado

Programar con Python ¡Mola!
ISBN: 9798579867186
© 2020 Dani Manchado
Todos los derechos reservados

dmanchado1977@gmail.com

Ilustraciones: (IG) @dibujosstained

ÍNDICE GENERAL

Lo más sencillo… por el principio.

Necesitaremos "algo" en lo que escribir nuestro código **Python**, como por ejemplo, un papel o una piedra que tallemos con un cincel. Pero realmente esto no sería práctico, así pues, vamos a usar un IDE, es decir, un *Integrated Development Environment*, o hablando claro, un ***Entorno de Desarrollo Integrado***.

¿Y eso qué es? Pues básicamente, algo así como un programa en el que tendremos lo necesario para escribir, corregir y ver nuestros resultados. Vamos, un programa.

Hay muchísimos IDE. De pago, gratis, mejores, peores, de colores, para Linux, para MacOs… Pero nosotros usaremos uno que tiene las siguientes características:

- Licencia MIT. Es decir, es gratuito, distribuible… Vamos, muy versátil. Por cierto, MIT es la abreviatura del Instituto Tecnológico de Massachusetts. (Seguro que lo has visto en infinidad de películas y series en la tele).
- Entorno sencillo. Pues no requeriremos de mil pantallas estorbándonos por el monitor del ordenador.
- Multiplataforma. Lo que escribamos en un ordenador, nos servirá en otro con un sistema operativo diferente.
- Soporte Raspberry Pi. Podremos escribir código para el miniordenador más famoso del mundo.

Venga, pues comencemos instalando un IDE, uno que se llama Thonny.

Para ello vamos a un navegador y escribimos esto en la barra de direcciones:

```
https://thonny.org/
```

Allí se nos abrirá una página web como la que se muestra a continuación.

Thonny

Python IDE for beginners

Download version 3.3.0 for
Windows • Mac • Linux

*NB! Windows installer is signed with
new identity and you may receive
a warning dialog from Defender until
it gains more reputation.*

*Just click "More info" and
"Run anyway".*

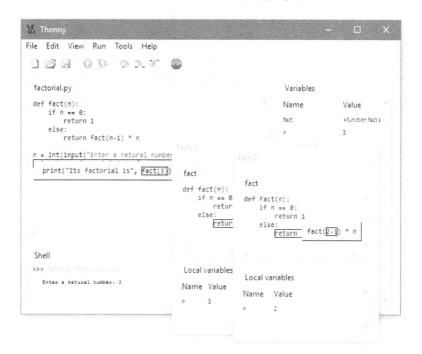

Y hemos de elegir el sistema operativo de nuestro ordenador. En este libro usaremos Windows como guía, ya que bueno, aunque no es el mejor, es el más usado.

Simplemente hemos de ir arriba a la derecha y cliquear allí donde dice **Windows**. Automáticamente un programa comenzará a descargarse.

Una vez que haya finalizado, pues simplemente hacemos clic encima de él para comenzar la instalación.

Es muy sencillo, pues lo único que has de hacer es ir pulsado en "Siguiente" varias veces. Eso sí, para que de verdad mole el IDE, has de seleccionar "Español" en el cuadro que te pregunta por el idioma.

También te preguntará si quieres colocar un icono de acceso directo en el escritorio. Yo le he dicho que sí, y me ha aparecido esto:

¡Bien! Eso significa que ya está todo preparado para comenzar, así sin más, ve preparándote un tazón de chocolate caliente, que vamos a comenzar.

Haz doble clic en ese icono con forma de Th que ha aparecido. En unos segundos, mágicamente aparece en nuestro monitor una ventana como esta:

Vemos que tiene tres zonas claramente diferenciadas. La superior con botones, la central y más grande, y la inferior, más estrecha.

Vamos a ver para qué es cada una.

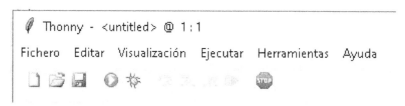

La primera parte, la del menú y botones, sirve para controlar nuestro programa, es decir, para decirle al IDE lo que queremos hacer.

Por el momento veremos algunas cosas, otras las iremos conociendo según leamos, poco a poco, que esto de la programación, aunque mola, hay que tomárselo con un poquitín de paciencia.

El primer icono, el de la página en blanco, sirve para crear un **nuevo** código, es decir, un fichero en el que podamos escribir nuestro programa.

El segundo, el de la carpeta, se usa para abrir un código que ya tengamos hecho, y el siguiente, eso azul y blanco (Se llama *disquete*, y es uno de esos resquicios que quedan de cuando éramos jóvenes), sirve para **guardarlo**.

Después está el circulito verde con el triángulo blanco, como el botón *Play* del *Spotify* o *Youtube*, ya que sirve para que nuestro programa comience a funcionar.

Y luego el bicho, la cucaracha… el *Bug*. Solamente comentaros que se lama botón de depuración, y sirve para ver cómo funciona nuestro código, y claro, encontrar *Bugs*, es decir, errores.

La palabra **Bug** proviene de unos científicos que trabajaban en un ordenador llamado MARK III en 1947. Algo no funcionaba, y buscando, encontraron al culpable: Una polilla dentro de los mecanismos (Un bicho).

Y por último (de los que veremos ahora), es esa señal de tráfico que pone Stop.

Sirve para eso, para *estopear* nuestro programa... Vale... *Estopear* no existe. Para **PARAR** nuestro programa.

La segunda parte, la más grande, es nuestra ventana de código. Allí escribiremos lo que queremos hacer, y ese preciso momento, será cuando nos sintamos como dioses, haciendo que nuestro programa haga lo que nosotros queremos que haga. Para eso usaremos el **Python**, nuestro lenguaje de programación.

Y por último, la Consola... y no, no podremos meter ahí ningún *blueray* con un juego... Se llama así porque interactuaremos con el programa desde ella, es decir, la usaremos para VER qué nos dice, y ESCRIBIR para dar órdenes o datos a lo que escribimos en la ventana de código.

¿Comenzamos?

¡Claro! ¡Vamos al tajo!

Puedes descargar los códigos fuente de este libro en la dirección:

https://tinyurl.com/yyb5jh4v

CAPÍTULO 2

Comenzamos

Pues una vez que conocemos nuestro IDE, Thonny, vamos a comenzar a usarlo.

Para ello podremos comenzar a escribir nuestro código, pero realmente no servirá cualquiera. Por ejemplo, vamos a probar a teclear esto:

Y a continuación, pulsamos sobre **Run**, el botón verde que se parece al *Play*.

Nos pedirá que guardemos nuestro código con un nombre, por ejemplo, yo le he dicho que quiero llamarlo "Hola".

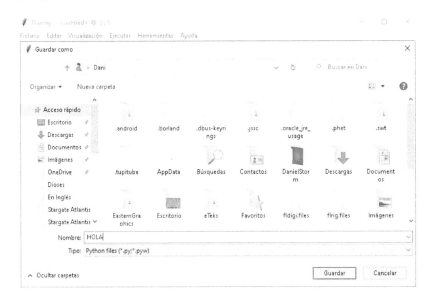

Y nada, pulsamos sobre *Guardar* para que quede a buen recaudo en nuestro ordenador.

¿Qué ocurrirá ahora? Pues esto, un **ERROR**.

```
Consola
>>> %Run HOLA.py
  Traceback (most recent call last):
    File "C:\Users\CONSUE\HOLA.py", line 1
      Hola Thonny, ¿qué tal estás?
                ^
  SyntaxError: invalid syntax
>>>
```

La verdad, yo ya sabía que daría error, y es que no podremos escribir lo que queramos cuando queramos, o vamos, así a lo bruto.

Necesitamos conocer Python, que es un lenguaje de programación, es decir, el idioma con el que nos comunicaremos con el ordenador desde Thoony y que hará lo que nosotros queremos que haga.

Así que borramos todo lo anterior y volvemos a escribir otra cosa, eso sí, ten en cuenta los espacios, las tabulaciones y las minúsculas, ya que son muy importantes.

```
HOLA.py
 1  print ("Hola mundo")
 2
```

¿Y qué ocurre si pulsamos de nuevo Run? Pues esto:

```
>>> %Run HOLA.py
  Hola mundo
>>>
```

¡BIEN! Ya no nos da error, y al contrario que antes, nuestro programa ha hecho algo.

Hemos ordenado que *imprima* algo con la orden **print**, que sirve para eso, para hacer que en la consola aparezca un texto.

Solamente hemos de añadir entre comillas y paréntesis lo que queramos que diga. Por ejemplo, podríamos añadir otra línea al código como esta:

```
print("¡Ja, ja, ja! Soy el amo de este mundo")
```

Y el resultado:

```
>>> %Run HOLA.py
  Hola mundo
  ¡Ja, ja, ja! Soy el amo de este mundo
>>>
```

Pero… ¿Sabes por qué hemos puesto el texto entre comillas?

Pues porque es eso, texto. En Python, y bueno, en muchos otros lenguajes de programación, las **cadenas de texto** han de ir entre comillas. Ya veremos qué otras cosas no, pero estas, sí, y si no, pues nos dará error.

Por ejemplo, vamos a ordenar que imprima un número con una línea más:

```
print(34)
```

El resultado, ni más ni menos, es este:

```
>>> %Run HOLA.py
  Hola mundo
  ¡Ja, ja, ja! Soy el amo de este mundo
  34
>>>
```

Eso es por una razón, ya que si nosotros empleamos palabras sin comillas, Python las entenderá como una cosa llamadas **VARIABLES**.

¿Qué es una **VARIABLE**?

Pues así, a lo bruto, es una palabra que guarda un **valor** variable, es decir, que podremos ir **cambiándolo** cuando queramos.

Pero ojo... Una variable SIEMPRE ha de comenzar con una letra, si lo hace con un número, no la reconocerá. Y bueno, tampoco pueden usarse palabras *reservadas*, las que Python usa internamente, como por ejemplo *print*.

Y para usar estas variables usamos el signo igual (=) de esta manera:

```
pepito="Vaya calor"
```

Y después, hacer que aparezca en la pantalla con print de esta otra forma:

```
print (pepito)
```

El resultado:

```
>>> %Run HOLA.py
  Hola mundo
  ¡Ja, ja, ja! Soy el amo de este mundo
  34
  Vaya calor
>>>
```

¿Y podremos añadirle más cosas que palabras y frases a una variable? Por supuesto, ya que esa es lo que más mola de ellas.

Por ejemplo, vamos a añadir un par de variables que contengan números:

```
numeroA=10
numeroB=20
```

Y después, con print, decimos que nos las muestre en la consola:

```
print (numeroA)
print (numeroB)
```

Y claro, como es de esperar, obtendríamos esto:

```
>>> %Run HOLA.py

  Hola mundo
  ¡Ja, ja, ja! Soy el amo de este mundo
  34
  Vaya calor
  10
  20

>>>
```

Lo bueno que tiene Python es que las variables pueden usarse para distintos tipos… ¿Qué qué es un tipo?

Los **TIPOS**

Como su nombre indica, son tipos, pero de datos. Vamos a verlo mejor.

Hasta ahora hemos usado frases y números, pues a estos los llamamos *CADENAS* de texto, en inglés *STRINGS*, y números *ENTEROS*, es decir, sin parte decimal (Sin comas ni nada de eso), y en inglés se les llama *INTEGERS*.

Para abreviar, se dice que un valor es de tipo **str** (Cadena de texto) o **int** (Número entero).

Pero hay más… tipos…

Abr.	Nombre	Notas
str	Cadena	Son texto, y se les ha de encomillar.
int	Enteros	Números, pero sin parte decimal. Por ejemplo: 5 10 5854 ó 74
float	Decimales (Números en punto flotante)	Números con parte decimal. Por ejemplo: 3,5 10,8774 ó PI (3,121592…)
bool	Buleanos	Son datos que pueden ser VERDADERO (True) o FALSO (False).

Existen otros muchos, pero por ahora nos quedamos con estos cuatro… bueno, cinco, pues os voy a explicar un tipo de dato especial, uno que es CONSTANTE, es decir, no puede variar su contenido, y que en realidad, en NADA.

A veces necesitamos vaciar una variable, yo que sé, por ejemplo, para liberar memoria del ordenador, o simplemente, pues porque podemos hacerlo.

Se llama **NONE**, y se emplea de esta manera:

```
numeroA=None
print (numeroA)
```

Y como es de esperar, en la consola sale esto:

```
>>> %Run HOLA.py
    Hola mundo
    ¡Ja, ja, ja! Soy el amo de este mundo
    34
    Vaya calor
    10
    20
    Adios pájaro
    None
>>> |
```

Nos indica que "numeroA" no contiene nada…

¿Te has dado cuenta de una cosa? ¡Sí! No he borrado nada de la ventana de código en este capítulo, y por ende, en mi IDE tengo todo lo que aparece en la siguiente página, un montón de líneas de código.

HOLA.py

```
1   print ("Hola mundo")
2   print ("¡Ja, ja, ja! Soy el amo de este mundo")
3   print (34)
4   pepito="Vaya calor"
5   print (pepito)
6   numeroA=10
7   numeroB=20
8   print (numeroA)
9   print (numeroB)
10  numeroA="Adios pájaro"
11  print (numeroA)
12  numeroA=None
13  print (numeroA)
14
```

A esto, a todas esas líneas, se le llama PROGRAMA, y como al empezar lo había llamado "HOLA", cada vez que pulsaba el *Run*, se guardaba.

Un programa en Python funciona en un orden, en el orden en el que está escrito, y por lo tanto, el resultado en la consola aparecerá en ese mismo orden…

Aunque no siempre… Ya veremos que podremos ir de un lado a otro del código, pero por ahora, trabajemos para que de verdad haga algo… Haga operaciones.

CAPÍTULO 3

Operaciones
Aritméticas

Vale, ya sabemos usar variables, pero realmente un lenguaje de programación no sería muy útil si solamente hiciera eso. Por ello, y hace milenios, la gente se inventó las operaciones, y seguro que tú también las usas en el cole.

Vamos a ver algunas de ellas:

Nombre	Símbolo	Uso
Suma	+	Suma dos números
Resta	-	Resta dos números
Multiplicación	*	Multiplica... Vale, dos números.
División	/	Eso, divide...
Módulo	%	Nos devuelve el RESTO de una división.

Por cierto, a estas de la tabla de arriba, las llamamos OPERACIONES ARITMÉTICAS.

¿Cómo las usamos? Pues escribiendo en el IDE, por ejemplo, esto:

cap3_operaciones.py

```
1  print (4+4)
2
```

Lo que hemos dicho en Python es que nos muestre por la consola el resultado de sumar 4 más 4:

```
>>> %Run cap3_operaciones.py
8
>>>
```

Y como todos sabemos, 4 más 4, son 8, y eso precisamente es lo que se nos ha aparecido.

¿Y podemos usar variables con operaciones? ¡Claro! Vamos a ver un ejemplo.

```
cap3_operaciones.py
1  print (4+4)
2  pepe=34
3  paco=23
4  lolo=pepe+paco
5  print (lolo)
6
```

La primera línea ya la teníamos escrita, la del 8, y en las siguientes hacemos esto:

- Creamos una variable llamada *pepe* y le asignamos el valor 34.
- Creamos otra llamada *paco* y le asignamos el valor 23.
- Volvemos a crear otra llamada *lolo*, pero a esta le asignamos el valor de la suma de las anteriores, es decir, "*pepe+paco*".
- Por último, le decimos que nos muestre en la consola el contenido de *lolo*.

El resultado:

```
>>> %Run cap3_operaciones.py

 8
 57

>>>
```

Son dos líneas, la primera con 8, la suma de 4 y 4, y la otra, después de haber *operado en silencio*, el contenido de *lolo*.

Pero esto está bien si queremos que nos realice operaciones con números que sean fijos... pero ¿podremos decirle a Python los valores que nosotros queramos usar?

¡Por supuesto! Y para ello, usamos un nuevo comando.

input()

Y no está mal escrito, no lleva "m". Los ingleses desconocen esa norma que dice que antes P y B siempre M… ¡Qué le vamos a hacer!

input() sirve para que nosotros, en tiempo de ejecución, es decir, mientras el programa esté funcionando, asignemos valores a alguna variable.

Vamos a verlo con un ejemplo.

```
lolo=input()
print (lolo)
```

Si añadimos esto al programa que ya teníamos escrito, el resultado en la pantalla será…

```
>>> %Run cap3_operaciones.py
 8
 57
|
```

¿No pasa nada? ¿Dónde están las cosas esas (>>>) que deberían de estar al final?

Lo que la consola hace es esperar, esperar a que nosotros escribamos algo y pulsemos el botón "Intro" (El más grande a la derecha de las letras).

Vamos a escribir algo y pulsar *Intro* (O *Enter*).

```
>>> %Run cap3_operaciones.py
 8
 57
 qué calor
 qué calor
```

¡Ahora sí! He tecleado la frase "qué calor", y cuando he pulsado Intro, automáticamente me lo ha repetido.

Funciona… Pero vamos a escribir algo más complejo, como por ejemplo, el código fuente de una máquina del tiempo… Vale, no, eso de momento lo dejaremos para otro libro. Por ahora vamos a multiplicar un par de números.

Borramos todo lo anterior, y escribimos:

```
numeroA=input()
numeroB=input()
print (numeroA*numeroB)
```

¿Funciona? **Pues no**. Hay algunas normas que debemos de seguir cuando escribimos código en Python, y una de ellas es que input funciona como texto, como un valor de tipo *str*. Y claro, no podemos sumar matemáticamente dos cadenas.

¿Y cómo lo hacemos? **Convirtiéndolas**.

¿Recuerdas que os había dicho que existían unas abreviaturas para cada tipo de dato? Pues ahora las usaremos para convertir un tipo en otro.

Escribe esto:

```
numeroA=input()
numeroB=input()
print (int (numeroA)*int (numeroB))
```

La consola esperará a que escribamos un número, por ejemplo 4, pulsamos Intro y esperará de nuevo por otro número, por ejemplo 5, y justo cuando volvamos a pulsar Intro, en la consola nos aparecerá el resultado:

```
>>> %Run cap3_operaciones2.py

 4
 5
 20

>>>
                                    Python 3.7.9
```

¿4 por 5 son 20? Uhm… creo que sí…

¡BIEN! Funciona, pero ¿qué ocurre si en vez de un número escribo otra cosa?

```
>>> %Run cap3_operaciones2.py

 hola
 caracola
 Traceback (most recent call last):
   File "C:\Users\CONSUE\cap3 operaciones2.py"
 , line 3, in <module>
     print (int (numeroA)*int (numeroB))
 ValueError: invalid literal for int() with ba
 se 10: 'hola'

>>>
                                    Python 3.7.9
```

¡Uff! Vaya tomate, ¡menudos errores!

Primero le he dicho "hola", y después "caracola", y claro, eso de multiplicar palabras no le mola mucho a Python. Hay que tenerlo en cuenta SIEMPRE.

¿Y podremos decir que escriban un número en vez de esperar sin más?

¡Claro! *input()* permite usar *prompts*, es decir, mostrar un mensaje antes de que tecleemos algo.

```
numeroA=input("Teclea un NÚMERO\n")
numeroB=input("Ahora teclea otro NÚMERO\n")
print ("El resultado de la multiplicación es:")
print (int (numeroA)*int (numeroB))
```

He añadido dentro de los paréntesis un texto (Con comillas) para decirle que lo ponga antes de que escribamos nosotros.

¿Y qué es eso que he puesto al final? "\n" indica que cambie de línea, pues de lo contrario, Python esperará al número justo después de la "O" al final de la frase.

Y bueno, también he añadido una línea más para que nos diga que va a salir el resultado inmediatamente después.

```
>>> %Run cap3_operaciones2.py

    Teclea un NÚMERO
    5
    Ahora teclea otro NÚMERO
    4
    El resultado de la multiplicación es:
    20

>>>
```
Python 3.7.9

Bien, hemos multiplicado dos números, pero números enteros… ¿Qué ocurriría si en vez de 5 escribo 5.2?

¡ERROR! Claro… Le hemos dicho que lo convirtiera en *int*. Para solucionarlo simplemente podríamos cambiarlo por *float*, quedando de esta manera la última línea.

```
print (float (numeroA)*float (numeroB))
```

Pero realmente esto consume más memoria, así que los números de coma flotante (Los float esos), los emplearemos cuando sean estrictamente necesarios.

Ya sabemos hacer una cosa más… Pero con Python podremos hacer muchísimas más, como por ejemplo, **concatenar** cadenas de texto… ¿Concatenar? Sí, es la forma bonita de decir que UNIMOS cadenas.

Vamos a ver un ejemplo:

```
txtA=input("Teclea un TEXTO\n")
txtB=input("Ahora teclea otro TEXTO\n")
print ("El resultado de la concatenación es:")
print (txtA+txtB)
```

Funciona con el símbolo de la suma, pero aquí no hemos añadido ninguna conversión, simplemente le hemos dicho que son cadenas de texto, sin más.

Vamos a ver el resultado:

```
>>> %Run cap3_operaciones2.py

  Teclea un TEXTO
  una cosa
  Ahora teclea otro TEXTO
  otra cosa
  El resultado de la concatenación es:
  una cosaotra cosa

>>> |
```

He escrito "una cosa" la primera vez y el programa la ha almacenado en *txtA*. Luego he escrito "otra cosa" y se ha guardado en *txtB*. Pero el resultado no parece quedar muy bien… Para eso simplemente podremos concatenar otro texto más, por ejemplo, un espacio entre comillas en la última línea.

```
print (txtA+" "+txtB)
```

Ahora sí, el resultado se nos muestra como:

```
>>> %Run cap3_operaciones2.py

  Teclea un TEXTO
  una cosa
  Ahora teclea otro TEXTO
  otra cosa
  El resultado de la concatenación es:
  una cosa otra cosa

>>>
```

Pero Python es mucho más que pedirle que nos haga los deberes de mates, por ejemplo, podremos operar lógicamente con él.

CAPÍTULO 4

Operaciones Lógicas
y de Comparación

¿Recuerdas que en la tabla de los tipos de datos había uno llamado "buleano"? ¿Sí?

Este tipo de dato se llama lógico, y no significa otra cosa que algo (Una **comparación**, por ejemplo) contiene un dato VERDADERO o FALSO.

Vamos a verlo de una manera más sencilla con un código:

```
print (44 == 55)
```

Si ahora pulsamos sobre el botón Run, en la consola nos aparecerá esto:

```
>>> %Run 'cap4 op_lógicas.py'
   False
>>>
```

Simplemente nos escribe "False" ¿Qué significa esto?

¿Ves que en el código escribí "44==55"? Ese doble igual (==) es un **operador de comparación**, es decir, compara algo que tiene a sus dos lados, y este específicamente sirve para saber si algo es igual a algo.

44 no es igual a 55, por lo tanto, esto es falso, y Python no es tonto, lo sabe, así que nos lo indica con la palabra **False** en nuestra consola.

¿Y si en vez de esto ponemos "44==44"?

Pues como 44 es igual a 44, lógicamente nos dirá que es verdadero, nos pondrá **True** en nuestra consola.

¿Lo vas pillando? Seguro que sí.

Pero no solamente existe este operador de comparación. Vamos a ver otros.

Operador	Nombre	Notas
==	Igual	Nos compara dos valores, y si son iguales devuelve TRUE, en caso contrario FALSE.
!=	Distinto	Si los valores son DISTINTOS, devuelve TRUE, si no son distintos (Que son iguales), nos devuelve FALSE.
<	Menor que	En caso de que el valor de la izquierda sea menor que el de la derecha, nos devolverá TRUE. Su es mayor, devolverá FALSE.
>	Mayor que	Al contrario que la anterior. Si a la izquierda hay un valor mayor que a la derecha devuelve TRUE, si no, pues FALSE.
<=	Menor o igual que	Devuelve TRUE si a la izquierda hay un valor menor o igual al de la derecha.
>=	Mayor o igual que	Al revés, devuelve TRUE si a la izquierda hay un valor mayor o igual al de la derecha.

¿Y qué pasa si usando < ó > los valores son iguales? Pues nos devuelve FALSE, ya que Python es muy estricto con esto, si no es mayor o menor, es falso siempre.

Otra pregunta… **¿Para qué sirven las comparaciones** estas?

Sencillo, para determinar si ha pasado algo y obrar en consecuencia. Pero para ello vamos a tener que aprender unas cosas llamadas **Ejecuciones Condicionadas**.

La más famosa es una llamada IF.

Cláusula IF

Bueno, realmente solemos llamar a estas funciones específicas cláusulas, ya que son palabras que no pueden usarse de otra manera.

La más sencilla de usar, y por tanto, la que más usamos, es una llamada **if**. Para ello os la voy a explicar en cristiano:

```
SI (UNA CONDICIÓN ES VERDADERA) ENTONCES HAZ:
      ESTO
      Y ESTO
      Y ESTO
      HASTA AQUÍ
```

¿Qué significa esto? Facilísimo. La primera línea, después de *if* (SI), ponemos una comparación, si es verdadera, hace todo lo que venga debajo hasta el final que esté tabulado, es decir, líneas en las que hayamos pulsado la tecla TAB antes que las órdenes (Suele aparecer como dos flechas enfrentadas al lado de la "Q"). Para finalizar la línea del *if*, siempre añadimos dos puntos (:).

Vamos a ver un ejemplo en Python, uno de verdad:

```python
numero=input ("escribe un número\n")
if int(numero)==2:
     print ("Es un dos")
     print ("Luego no es un cuatro")
print ("Esto siempre aparece")
```

Primero preguntamos por un número con **input**(). Tecleamos algo, y recuerda, esto Python lo entiende como una cadena de texto, por ello en el **if** lo convertimos a **int**. Lo comparamos con 2, es decir, "SI numero ES IGUAL A 2 HAZ ESTO:".

Si realmente introdujimos el número dos, el programa a continuación imprimirá las dos siguientes líneas, las que están tabuladas, y después la última.

Pero si no es dos, entonces "pasa" de las líneas tabuladas y directamente imprime la última.

Mirad el resultado en la consola:

```
>>> %Run 'cap4 op_lógicas.py'

    escribe un número
    4
    Esto siempre aparece
>>> %Run 'cap4 op_lógicas.py'

    escribe un número
    2
    Es un dos
    Luego no es un cuatro
    Esto siempre aparece

>>>
```

¿A qué mola? Ya hemos hecho que nuestro ordenador decida algo que nosotros le hemos programado. Ya casi tenemos fabricada la primera inteligencia artificial… bueno, no, pero ¿a qué mola?

¿Seguimos? Venga, pues ahora veremos que este if puede hacer cosas diferentes si no se cumple la condición.

Para ello añadiremos **ELSE** a nuestro repertorio.

Cláusula IF… ELSE

La mejor manera de entender esto es con el mismo código añadiendo alguna cosa más:

```
numero=input ("escribe un número\n")
if int(numero)==2:
    print ("Es un dos")
else:
    print ("No es un dos")
print ("Esto siempre aparece")
```

Volvemos repetir la petición de un número en la primera línea. En a segunda lo comparamos, y si es verdadero ejecuta (hace) lo que esté tabulado, en este caso solamente es una línea que imprime "Es un dos".

Pero ahora nos encontramos con un ELSE:, y esto significa que en caso de que sea falsa la comparación, es decir, que no sea un dos, en vez de ejecutar lo de arriba, ejecuta lo que haya debajo, imprimir "No es un dos".

Y además, siempre, siempre, siempre, imprimirá "Esto siempre aparece".

```
>>> %Run 'cap4 op_lógicas.py'

   escribe un número
   4
   No es un dos
   Esto siempre aparece
>>> %Run 'cap4 op_lógicas.py'

   escribe un número
   2
   Es un dos
   Esto siempre aparece

>>>
```

¿A qué es fácil? Claro, la verdad es que solamente hay que practicarlo un poco, nada más.

Pero hay otra cosa importante que debemos conocer:

Cláusulas TRY y EXCEPT

¿Recuerdas que antes, si escribíamos una cadena de texto y la intentábamos convertir a entero daba un error de la leche?

Pues ahora vamos a tomar el toro por los cuernos y vamos a gestionar esos errores, es decir, nuestro programa hará una cosa u otra dependiendo de que se haya cometido un error.

Usamos las palabras reservadas *TRY* para decirle "**Oye, si esto funciona, hazlo**", y después *EXCEPT* para decirle "**Oye, si lo anterior no funcionó, no lo hagas, haz esto otro**".

Vamos a verlo mucho mejor con un pequeño código. Borra lo que tengas escrito y teclea esto:

```
print ("--- INICIO ---")
numero=input ("escribe un número\n")
try:
    if int(numero)==2:
        print ("Es un dos")
    else:
        print ("No es un dos")
except:
    print ("No es un número entero")

print ("---- FIN ----")
```

Ahora hemos añadido algo de "estilo" al programa, le hemos puesto unas líneas para que nos indique cuando se ejecuta y cuando se acaba nuestro código. Queda más bonito, más *cool*.

Pero bueno, vamos a lo que íbamos.

Cuando añado **try**: (Con los dos puntos), Python comprobará si hay errores, en este caso, cuando convierte la cadena *numero* a entero.

En caso de que sea un entero, que sea el tipo de dato requerido, no habrá error, luego seguirá cumpliendo órdenes y nos dirá si es un 2 o no es un 2.

En caso de que no haya errores, ignorará lo que esté después de **except**, pero si los hay, en vez de ejecutar lo anterior, solamente hará lo que esté debajo y tabulado.

El programa finaliza con un **print** que siempre aparecerá.

```
>>> %Run 'cap4 op_lógicas.py'

  --- INICIO ---
  escribe un número
  5
  No es un dos
  ---- FIN ----
>>> %Run 'cap4 op_lógicas.py'

  --- INICIO ---
  escribe un número
  2
  Es un dos
  ---- FIN ----
>>> %Run 'cap4 op_lógicas.py'

  --- INICIO ---
  escribe un número
  hola
  No es un número entero
  ---- FIN ----

>>>
```

He ejecutado tres veces el programa, primero introduciendo un 5, luego un 2, y por último la palabra "hola"… ¡Y NO APARECE ERROR!

¡Ah! Otra cosa. Fíjate que ahora hay unas tabulaciones de más, primero con el try, y después con el if.

Esto es debido a que Python entiende un bloque como lo que esté tabulado y junto… Vamos a verlo mejor en la imagen:

```
1    print ("--- INICIO ---")
2    numero=input ("escribe un número\n")
3    try:
4        if int(numero)==2:
5            print ("Es un dos")
6        else:
7            print ("No es un dos")
8    except:
9        print ("No es un número entero")
10
11   print ("---- FIN ----")
12
13
```

Para el bloque del **try** pulsamos una sola vez el tabulador. Pero como incluimos una cláusula **if** dentro, lo que esté en ella y en el **else** de después, deberá de llevar DOS tabuladores para poder diferenciarlo del anterior.

En el **except**, volvemos al principio, y por ello añadiremos un solo tabulador a sus órdenes.

Pero ya está bien de tanta palabreja, en la portada pone que aprenderemos Python con juegos, así que…

CAPÍTULO 5

El Número
Oculto

Vamos a programar nuestro primer juego, y para ello, lo primero es aprender una nueva cosa... los **módulos**.

¿Y qué es eso? Pues son una especie de librería que añadimos a Python para que tenga más funciones, más órdenes. Y en este caso, usaremos una llamada **random**.

Para que nuestro código tenga esas funciones extra, simplemente deberemos de añadir una línea de código al principio del programa por cada módulo que queramos añadir. Por ejemplo, para añadir random, usaríamos esta:

```
import random
```

Y ya está, ahora el programa será capaz de trabajar con números aleatorios, bueno, en realidad, *pseudoaleatorios*, pero suena raro, así que solemos decir que simplemente son **aleatorios**.

> Un número aleatorio es como una lotería, nunca sabremos el resultado antes del sorteo.

¿Y cómo funciona? Pues dentro del módulo *random* existen funciones, solamente hemos de añadir un punto al nombre del módulo, y justo después, el nombre de la función.

Por ejemplo:

- **random.random()** Nos dará un número aleatorio entre 0 y 1, un número en coma flotante.
- **random.randint(min,max).** Nos dará un número aleatorio entero entre los dos propuestos.
- **random.randrange(min,max,rango).** Nos dará un número aleatorio entre los dos propuestos como entero. El mayor, max, nunca aparecerá en el resultado. Además, podremos indicarle si queremos un incremento, un salto.
- **random.seed(num).** Sirve para "plantar" una semilla, es decir, hacer que *random* sea aún más impredecible (o predecible).

Hay muchas más, pero por ahora veremos estas, en realidad, un par de ellas.

Vamos a escribir este código para ver cómo funcionan estas dos funciones:

```python
import random
random.seed()
print(random.randint(22,99))
```

La primera línea simplemente importa el módulo random. En la siguiente plantamos la semilla, y como hemos dejado en blanco los paréntesis, tomará la hora actual como semilla, es decir, cada vez que se ejecute el código, la semilla será diferente.
Y por último solamente imprime en la consola un número aleatorio entre 22 y 99, ambos inclusive.

```
>>> %Run cap5_adivinador.py
   44
>>> %Run cap5_adivinador.py
   62
>>> %Run cap5_adivinador.py
   93
>>>
```

Aquí he ejecutado tres veces el código, y cada vez, el resultado es distinto... ¡Bien!

¿Pero qué gracia tiene eso? ¿Adivinarlo sin más? Pues no, no tiene ninguna gracia. Hay que hacer que el juego sea más divertido.

Para eso hay que fabricar nuestras propias funciones, es decir, nuestras propias órdenes.

Definición de funciones

La mejor manera para ver qué es esto de una definición es ver un ejemplo, y claro, luego os explico qué significa cada cosa.

```
import random
random.seed()

#********** INICIO DE LA DEFINICIÓN ***********
def damealeatorio():
    print(random.randint(22,99))

#*********** FIN DE LA DEFINICIÓN *************

damealeatorio()
damealeatorio()
damealeatorio()
```

¡Ah! Es verdad, no os había explicado lo de los **comentarios**…Pues es simplemente eso, un texto o una línea que sirve para comentar, para apuntar nuestras ideas o cosas en un código, y sí, son esas líneas que comienzan con una almohadilla (#). Se obtiene pulsando la tecla ALT GR que está a la derecha de la barra espaciadora y el número 3.

Bueno, pues para hacer más comprensible el código, hacerlo que se entienda mejor, he añadido un comentario antes y después de la definición de la función.

Una definición SIEMPRE comienza con la palabra def seguida del nombre que queramos darle, y por último dos puntos.

Lo que dure esta definición, serán las líneas inferiores que estén tabuladas. En este ejemplo, solamente *print(random.randint(22,99))*.

¿Y luego? Pues nada, cada vez que queramos usar esa función, simplemente la escribimos como cualquier otra orden, sin más.

En el ejemplo lo he hecho tres veces, y cuando ejecuto el programa, aparece esto:

```
>>> %Run cap5_adivinador.py
   80
   52
   33

>>>
```

He hecho lo mismo que antes en una sola ejecución...

¿Y pueden ser más complicadas las funciones? Todo en esta vida se puede complicar, así que mirad, vamos a hacerla un poco más larga.

```
import random
random.seed()

cuenta=0

#********** INICIO DE LA DEFINICIÓN **********
def damealeatorio():
    global cuenta
    cuenta=cuenta+1
    print(str(cuenta)+"º número aleatorio: ")
    print(random.randint(22,99))

#********** FIN DE LA DEFINICIÓN **********

damealeatorio()
damealeatorio()
damealeatorio()
```

Pues sí, sí que se ha complicado... Encima con palabrejas nuevas...

¡NO! Para nada, lo único que he hecho es añadir cosas que ya conocíamos. Bueno... He añadido una cosa que pone **global**.

Cuando trabajamos con una definición de función, las variables que metamos dentro, las toma como propias, vamos, que piensa que son exclusivamente de ella. Pero para hacerle entrar en razón, es decir, decirle que una determinada variable EXISTE fuera de la función, añadiremos una línea con **global** seguido del nombre.

Por ejemplo, aquí he creado una variable que se llama **cuenta**. Al principio del programa le digo que es 0, sin más. Pero cuando entro en la función, le digo que sume 1 al valor que ya tenía, es decir, la primera vez que usemos la función *damealeatorio*(), **cuenta** será 1. La segunda vez 2, la tercera 3…

En la siguiente línea simplemente pido imprimir el valor que tenga **cuenta**, pero como en un tipo **int** (un entero), he de convertirla a cadena de texto con **str(cadena).**

Y después, pues simplemente concateno un texto con circulito de esos que usamos en los números ordinales (Primero, segundo…)

Vamos a ver el resultado:

```
>>> %Run cap5_adivinador.py
   1° número aleatorio:
   40
   2° número aleatorio:
   65
   3° número aleatorio:
   87
>>>
```

Pero aunque mola, esto de juego tiene poco… Vamos a hacerlo mejor, para ello borra todo lo que tengas escrito, que voy a proceder con un nuevo código.

```
#COMENZAMOS EL CÓDIGO

#Añadimos random y plantamos la semilla
import random
random.seed()

#Ahora definimos una variable que contenga
#un número oculto aleatorio entre 1 y 20.
oculto=random.randint(1,20)

#Ahora vamos a definir una función para que nos pida
#un número y compararlo con el oculto.
def pidenumero():
    minumero=input("Dame un número entre 1 y 20\n")
    comprueba(int(minumero))

#creamos una función para determinar si el
#número oculto es mayor o menor que el del jugador.
def comprueba(deljugador):
    global oculto
    if deljugador==oculto:
        print("BIEN! HAS ACERTADO EL NÚMERO
        OCULTO")
    else:
        if deljugador>oculto:
            print("Te has pasado, es más
            pequeño")
            pidenumero()
        if deljugador<oculto:
            print("Te has quedado corto, es
            más grande")
            pidenumero()
#FIN DE LA DEFINICIÓN DE LAS FUNCIONES

#Ponemos algo bonito al empezar...
print("*****************************")
print("* BIENVENIDO AL ADIVINADOR *")
print("*****************************")

#Y COMENZAMOS A JUGAR LLAMANDO A LA FUNCIÓN DE PETICIÓN
pidenumero()
```

Para entenderlo mejor, o bueno, para entender mejor y simplificar cualquier programa, solemos usar una cosa llamada **Diagrama de flujo**, que es esto que os muestro en la siguiente imagen.

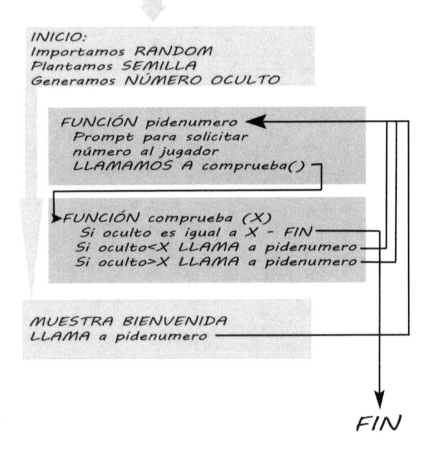

Realmente no son así, pero lo he simplificado para que se pueda entender mejor.

¿Vamos al tajo? Venga, pues comencemos por el principio, uno sencillo, en ese que solamente importamos random, plantamos una semilla y generamos un número aleatorio que deberemos de adivinar.

Después definimos dos funciones. La primera nos pedirá un número entre 1 y 20, y llamará a la otra función que comprobará si es igual, mayor o menor que el número oculto.

Pueden pasar tres cosas:

- **El número es igual**. Luego has acertado y el juego terminará.
- **Es mayor**. Nos lo dice, y después nos vuelve a preguntar.
- **Es menor**. También nos lo dice, y también nos vuelve a preguntar para volver a probar.

¿Pero te has fijado que en la segunda función añado una variable entre los paréntesis de la definición? Eso lo hacemos cuando queremos "**pasar**" algún dato dentro de la función sin falta de emplear **global**.

Solamente añadiremos el dato cuando la llamemos, y lo usaremos con el nombre de la definición.

Por último está el programa en sí, es decir, nos muestra una bienvenida y automáticamente llamará a la función de pedir número.

¿Te has dado cuenta de una cosa? ¿Sí? Claro, y es que el programa será **infinito** cada vez que se inicie, a no ser que adivinemos el número que ha *aleatorizado*…

CAPÍTULO 6

La Lista de
la Compra

¿Sabes que Python puede ayudarnos con la lista de la compra? Bueno, en realidad con cualquier lista.

Podremos crear y modificar una cosa llamadas listas, y para ello, lo más sencillo es declararlas directamente en una línea de código. Por ejemplo:

```
compra=["lechuga","tomate","chuches"]
```

Las nombramos como queramos, y para añadirle valores directamente, solamente hemos de encerrarlos entre corchetes y separarlos con una coma.

Como en este ejemplo son cadenas de texto, cada elemento está *encomillado*.

```
precios=[0.90 , 2 , 0.10]
```

Pero en este otro, la lista de los precios son números, no hace falta que le añadamos las comillas.

FÍJATE: Los números decimales SIEMPRE los escribiremos con un punto (.), ya que la coma (,) la empleamos para separar elementos.

¿Y cómo usamos las listas? Muy sencillo, imaginaros que las contamos a partir del cero:

- 0: "lechuga" y 0.90
- 1: "tomate" y 2
- 2: "chuches" y 0.10

Pues con ese número, el **índice**, podremos llamarlas como si de una variable normal se tratara. Solamente hemos de meterlo entre corchetes pegados al nombre de la lista:

```
print ( compra[0] )
```

Con este código de aquí arriba obtendríamos esto en la consola:

```
>>> %Run cap6_listas1.py
   lechuga
>>>
```

Ahora vamos a complicarlo un poco, solamente un poco. Teclead este código:

```
compra=["lechuga","tomate","chuches"]
precios=[0.90 , 2 , 0.10]

print ("LISTA DE LA COMPRA")
print ("- " + compra[0] + ": " + str(precios[0]) )
print ("- " + compra[1] + ": " + str(precios[1]) )
print ("- " + compra[2] + ": " + str(precios[2]) )
print ("_____")

total = precios[0]+precios[1]+precios[2]
print ("TOTAL "+ str(total) + " euros.")
```

Con estas líneas, conseguimos algo así como el ticket que nos da el cajero o cajera que lo pasará por la caja:

```
>>> %Run cap6_listas1.py
   LISTA DE LA COMPRA
   - lechuga: 0.9
   - tomate: 2
   - chuches: 0.1
   _____
   TOTAL 3.0 euros.
>>>
```

Pero esto es un poco estático, es decir, no nos servirá de mucho, ya que si cada vez que vayamos a la compra tenemos que escribir un programa… ¡Vaya faena!

Voy a seguir contándote unas cosas sobre las listas, y es que podremos **añadir** elementos, es decir, más productos.

Para ello usamos el método **append()** que pondremos justo después de un punto en el nombre de la lista. Lo que queramos añadir lo metemos entre los paréntesis. Por ejemplo:

```
compra.append("pimientos")
precios.append(2.10)
```

Si hubiéramos añadido estas líneas justo después de las dos primeras, el resultado sería:

```
>>> %Run cap6_listas1.py

   LISTA DE LA COMPRA
   - lechuga: 0.9
   - tomate: 2
   - chuches: 0.1
   _____

   TOTAL 3.0 euros.

>>>
```

Vaya… no ha cambiado…

Claro, y es que deberíamos de modificar las órdenes siguientes, es decir, todas las que hagan referencia a las listas, además, una línea más para decirle que tenemos un cuarto producto.

Mirad como queda ahora y su resultado:

```
compra=["lechuga","tomate","chuches"]
precios=[0.90 , 2 , 0.10]
compra.append("pimientos")
precios.append(2.10)

print ("LISTA DE LA COMPRA")
print ("- " + compra[0] + ": " + str(precios[0]) )
print ("- " + compra[1] + ": " + str(precios[1]) )
print ("- " + compra[2] + ": " + str(precios[2]) )
print ("- " + compra[3] + ": " + str(precios[3]) )
print ("_____")

total = precios[0]+precios[1]+precios[2]+precios[3]
print ("TOTAL "+ str(total) + " euros.")
```

```
>>> %Run cap6_listas1.py

   LISTA DE LA COMPRA
   - lechuga: 0.9
   - tomate: 2
   - chuches: 0.1
   - pimientos: 2.1
   _____
   TOTAL 5.1 euros.

>>>
```

¡Funciona! Pero a cambio, tenemos que andar añadiendo líneas, modificando otras… Uff, vaya trabajo…

¡NO! Pues para simplificar el trabajo de los programadores existen unas cosas llamadas **bucles**, que no es otra cosa que algo que se **repite** mientras exista una condición.

El más famoso es el bucle **WHILE**.

Bucle while

Se trata de una función que permite repetir un trozo de código mientras se cumpla una condición, es decir, un resultado sea verdadero.

Vamos a verlo con un ejemplo:

```
cuenta=0
while cuenta<10:
    print ( str(cuenta) )
    cuenta=cuenta+1

print ("Se acabó")
```

Con **while**, que podríamos traducir como *Mientras*, lo que se encuentre debajo y tabulado, se repetirá siempre y cuando el resultado de una comparación sea verdadera. En el ejemplo, se repetirá mientras *cuenta* sea menor de 10.

Dentro del bucle, es decir, las líneas de código que están tabuladas, en primer lugar imprimimos en la consola en valor de *cuenta*, y justo después, sumamos 1 al valor que tenía.

En la consola obtendríamos:

```
>>> %Run cap5_while.py
  0
  1
  2
  3
  4
  5
  6
  7
  8
  9
  Se acabó
>>>
```

¡Bien! Con unas pocas líneas, el programa ha sacado un montón.

¿Y qué pasaría si eliminamos la orden *cuenta=cuenta+1*?

Pues que como nunca llegaría a 10, el programa estará funcionando hasta el **infinito** y más allá. O bueno, hasta que pulsemos *Stop* u ocurra un error de desbordamiento (Que una variable tenga un valor más grande que el que soporte).

También obtendríamos el mismo resultado si en vez de inicializarla con un 0, pues por ejemplo ponemos un 46, ya que tampoco llegará nunca a 10…

¿Y podremos usar un bucle **while** con nuestras listas? Por supuesto, pero antes vamos a conocer el **método len(),** ya que nos dirá la cantidad de elementos que tiene una determinada lista.

Vamos a escribir este código en un programa nuevo:

```
compra=["lechuga","tomate","chuches"]
print ( str(len(compra) ) )
```

Si lo ejecutamos, en la consola obtendremos un discreto "3", es decir, esta lista tiene 3 elementos.

¿A qué es fácil?

Pues vamos a escribir de nuevo el programa de la lista de la compra, pero ahora añadiendo todo esto que sabemos.

```
compra=["lechuga","tomate","chuches"]
precios=[0.90 , 2 , 0.10]

todos=len(compra)

cuenta=0
print ("LISTA DE LA COMPRA")
```

```
while cuenta<todos:
    print ("- " + compra[cuenta] + ": " +
str(precios[cuenta]) )
    cuenta=cuenta+1
print ("_____")

cuenta=0
total=0
while cuenta<todos:
    total=total+precios[cuenta]
    cuenta+=1

print ("TOTAL "+ str(total) + " euros.")
```

¿Te has fijado que entre los corchetes he puesto el nombre de una variable? Pues sí, se puede hacer, ya que en este caso, la variable *cuenta* irá ascendiendo desde 0 hasta que la condición sea *falsa*, es decir, hasta el momento en el que la cuenta se iguale a la cantidad de elementos.

¿Ves que he añadido dos bucles **while**? El primero nos muestra en pantalla la lista con el nombre y el precio, y el segundo solamente suma los precios de todos ellos.

¡**ESPERA**! ¿Por qué en el segundo bucle está esto

- cuenta+=1

en vez de *cuenta=cuenta+1*?

Es una manera abreviada de sumar (+=) o restar (-=) algo a una variable, así no tenemos que escribirla dos veces. En realidad es lo mismo, así que puedes usar el método que más te guste.

Mirando fijamente los dos códigos de la lista de compra, en realidad no es que haya mucha diferencia de tamaño… Y es verdad, ya que el primero solamente tenía 3 ó 4 elementos, pero a este último, vamos a añadirle muchos más…

Cambia las dos primeras líneas por estas:

```
compra=["lechuga","tomate","chuches","lejía","pastel",
"pan","queso","jamón"]

precios=[0.90 , 2 , 0.10 , 2.00 , 6.50 , 1 , 9.30 , 8.10]
```

Ahora tenemos 8 productos, y si ejecutamos el programa, obtendremos esto:

```
>>> %Run cap6_listas2.py

LISTA DE LA COMPRA
 - lechuga: 0.9
 - tomate: 2
 - chuches: 0.1
 - lejía: 2.0
 - pastel: 6.5
 - pan: 1
 - queso: 9.3
 - jamón: 8.1
 _____

TOTAL 29.9 euros.

>>>
```

Para obtener el mismo resultado en el primer programa, tendríamos que escribir unas 14 líneas más, y claro, modificar otras y ampliar las listas.

En cambio en este, solamente hemos necesitado ampliar las listas.

¿A qué molan los bucles?

Pues ahora se podría hacer un verdadero programa usando definiciones, bucles y listas… ¿Preparado/a?

Pero antes (¡Qué cansino soy!), vamos a ver una función llamada **round()**, que lo que hace, simplemente es redondear un número con unos determinados decimales.

Hasta ahora, si os habéis fijado, la parte decimal de los precios solamente tenían un número, o bueno, un número y un cero, ya que si añadía más, Python empieza a calcular con muchísimos decimales, aunque en realidad no los veamos.

Esto lo podemos simplificar con esta función, con **round()**.

```
pi=3.141592
pi=round(pi,4)
print ( str(pi) )
```

Primero defino una variable que se llama *pi*, que si has llegado a la geometría del círculo en el cole ya la conocerás (Π).

Luego he escrito que *pi* sea redondeado con 4 decimales, es decir, que se aproxime al valor inicial pero usando solamente las cuatro primeras cifras o que quede lo más parecido. Como la quinta cifra es un 9, entonces después, cuando imprimamos el resultado, obtenemos esto:

```
>>> %Run cap6_pi.py
  3.1416
>>>
```

Redondea 3.141592 a 3.1416

Pues ahora sí, vamos a por el código gordo del programa de la lista de la compra…

```
compra=[]
precios=[]
terminado=False

def anadeproducto():
    global compra
    global precios
    producto=input("Teclea el nombre del
    producto\n")
    elprecio=input("Teclea el precio del
    producto\n")
    elprecioreal=round (float(elprecio),2 )
    compra.append(producto)
    precios.append(elprecioreal)
    preguntamas()

def preguntamas():
    respuesta=input("¿Vas a añadir más
    productos? (s/n)")
    if respuesta=="s":
        anadeproducto()
    else:
        muestratodo()

def muestratodo():
    global compra
    global precios
    todos=len(compra)
    cuenta=0
    print ("LISTA DE LA COMPRA")

    while cuenta<todos:
        print ("- " + compra[cuenta] + ": " +
        str(precios[cuenta]) )
        cuenta=cuenta+1
    print ("_____")
```

```
     cuenta=0
     total=0
     while cuenta<todos:
          total=total+float (precios[cuenta])
          cuenta+=1
     total=round(total,2)
     print ("TOTAL "+ str(total) + " euros.")
     terminado=True

#COMENZAMOS!
if terminado!=True:
     anadeproducto()
```

¿Qué tiene de especial este código? Pues en realidad nada, solamente hemos usado todo lo aprendido hasta ahora.

Lo que sí cabe decir es que he añadido una variable llamada *"terminado"* para saber si he de volver a añadir productos o no al final del programa, es decir, si he pasado por la definición *muestratodo().*

A este tipo de variables que pueden ser **True** o **False**, y que nos **sirven para comprobar si algo ha sucedido**, las llamamos **Bandera**.

Lo veremos más claro con un diagrama de flujo, que como aquí no cabía, lo he puesto en la siguiente página…

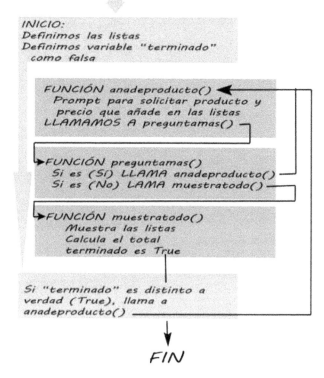

INICIO

INICIO:
Definimos las listas
Definimos variable "terminado"
como falsa

FUNCIÓN anadeproducto()
Prompt para solicitar producto y
precio que añade en las listas
LLAMAMOS A preguntamos()

FUNCIÓN preguntamos()
Si es (SI) LLAMA anadeproducto()
Si es (No) LAMA muestratodo()

FUNCIÓN muestratodo()
Muestra las listas
Calcula el total
terminado es True

Si "terminado" es distinto a
verdad (True), llama a
anadeproducto()

FIN

¿Vemos mi resultado?

```
>>> %Run cap6_listas3.py
    Teclea el nombre del producto
    tomates
    Teclea el precio del producto
    3
    ¿Vas a añadir más productos? (s/n)s
    Teclea el nombre del producto
    lechugas
    Teclea el precio del producto
    2.564
    ¿Vas a añadir más productos? (s/n)s
    Teclea el nombre del producto
    pimientos
    Teclea el precio del producto
    2.43
    ¿Vas a añadir más productos? (s/n)n
    LISTA DE LA COMPRA
    - tomates: 3.0
    - lechugas: 2.56
    - pimientos: 2.43

    TOTAL 7.99 euros.
>>>
```

Me he gastado casi ocho euros en comprar tomates, lechugas y pimientos… ¡No sé hasta dónde va a llegar esto!

NOTA IMPORTANTE

En este código no están gestionados los errores con **try** y **except**, así que si escribes palabras en precio, generará un error catastrófico.

¿Te atreves a escribir este código tú?

CAPÍTULO 7

La Palabra
Oculta

La verdad es que he buscado un nombre un poco retorcido, sí. Pero es que en este capítulo vamos a ver un par de cosas nuevas, y con estas cosas, podremos programar un juego similar al típico *ahorcado*.

¿Comenzamos?

Lo primero que os quiero explicar es un nuevo tipo de bucle, que aunque parecido, funciona de diferente manera que el *while*.

Bucle FOR

Pues nada, simplemente se trata de que una parte de código se repita unas determinadas veces. Y lo hacemos mediante una *clave* y una *secuencia*.

¿Eh? Lo vemos mejor en un ejemplo.

```python
secuencia=["uno","dos","tres"]
for clave in secuencia:
    print (clave)
```

Una secuencia puede ser una lista, como en el ejemplo, o una cadena de texto. También se pueden poner otras cosas llamadas tuplas y diccionarios, que ya veremos, ya…

for comenzará desde la posición 0 (La primera) hasta la última escaneando la secuencia, y cada vez que lo haga, almacenará en la clave el valor en el que se encuentre.

El ejemplo se repetirá tres veces, ya que la lista tiene esos elementos, y la primera vez, clave valdrá "uno", la segunda vez será "dos", y la tercera será "tres".

La consola nos muestra esto:

```
>>> %Run cap7_buclefor.py
    uno
    dos
    tres
```

Y es que además, esa clave la podremos usar para otras cosas... por ejemplo, para hacer esto:

```
secuencia=["uno","dos","tres"]
contador=0
for clave in secuencia:
    print ("La clave "+str(contador)+" es "+clave)
    contador=contador+1
```

Aquí hemos añadido una variable llamada *contador*, y al principio simplemente le decimos que vale 0. Pero cada vez que se ejecute el bucle sumaremos 1 a su valor.

Todo eso lo mostramos en la penúltima línea en la que *concatenamos* unas palabras...

```
>>> %Run cap7_buclefor.py

   La clave 0 es uno
   La clave 1 es dos
   La clave 2 es tres

>>>
```

Pero es que además, como decía antes, podemos usar una cadena de texto como secuencia, y para el bucle **for**, cada letra de esa secuencia es una clave.

```
#secuencia=["uno","dos","tres"]
secuencia="Esto es una frase"
contador=0
for clave in secuencia:
    print ("La clave "+str(contador)+" es "+clave)
    contador=contador+1
```

Ahora he comentado la primera línea para que Python no la tenga en cuenta y he añadido una frase con el mismo nombre, *secuencia*.

El resultado, como verás ahora, es el mismo, pero más largo… claro, hay más elementos que antes.

```
>>> %Run cap7_buclefor.py
    La clave 0 es E
    La clave 1 es s
    La clave 2 es t
    La clave 3 es o
    La clave 4 es
    La clave 5 es e
    La clave 6 es s
    La clave 7 es
    La clave 8 es u
    La clave 9 es n
    La clave 10 es a
    La clave 11 es
    La clave 12 es f
    La clave 13 es r
    La clave 14 es a
    La clave 15 es s
    La clave 16 es e
>>>
```

Pero es que además, con las cadenas de texto, podremos realizar un montón de cosas más.

Cadenas de texto

Lo primero será conocer la longitud de una de ellas, es decir, la cantidad de caracteres que tiene (Letras, números, espacios…), y para ello disponemos de la función len(), que ya la habíamos visto en las listas, pero que si ponemos una cadena entre sus paréntesis, nos guarda en una variable de tipo entero su longitud.

```
pepe=len("Hola Pepe")
print ( str(pepe) )
```

Este sencillo programa almacena 9 en la variable pepe, ya que es la cantidad de caracteres que tiene la frase "Hola Pepe".

La siguiente línea, simplemente la muestra en la consola.

Podremos acceder a cada carácter de manera individual mediante corchetes. Dentro de estos hemos de añadir el índice que comienza por 0 para el primero de ellos.

```
frase="Hola Pepe"
longitud=len(frase)
primero=frase[0]
segundo=frase[1]
print ( str(longitud) )
print (primero)
print (segundo)
```

En el ejemplo anterior, lo primero que hacemos es crear una variable que contiene la frase "Hola Pepe" y calculamos su longitud para almacenarla en la variable longitud.

Después en la variable primero, con el uso de los corchetes y el 0 en su interior, almacenamos el primer carácter, es decir, "H". Lo mismo en segundo con el 1, que quedará almacenado "o".

Después simplemente mandamos imprimir las tres variables:

```
>>> %Run cap7_cadenas.py
  9
  H
  o
>>>
```

De este modo podremos acceder a todos y cada uno de los caracteres que componen una frase.

Vamos a escribir el mismo código que usamos para entender el bucle **for** pero con uno **while**.

```
secuencia="Esto es una frase"
longitud=len(secuencia)
contador=0
while contador<longitud:
    print ("La clave "+str(contador)+" es " +
    secuencia[contador])
    contador=contador+1
```

La diferencia básica no es otra que el acceso a cada uno de los caracteres, ya que antes quedaba almacenado el valor en clave, y ahora hemos de acceder a él mediante corchetes. El resultado, el mismo:

```
>>> %Run cap7_cadenas.py

 La clave 0 es E
 La clave 1 es s
 La clave 2 es t
 La clave 3 es o
 La clave 4 es
 La clave 5 es e
 La clave 6 es s
 La clave 7 es
 La clave 8 es u
 La clave 9 es n
 La clave 10 es a
 La clave 11 es
 La clave 12 es f
 La clave 13 es r
 La clave 14 es a
 La clave 15 es s
 La clave 16 es e

>>>
```

¡Ya conocemos dos formas distintas de hacer lo mismo!

Pero… ¿Por qué dos formas?

Realmente depende del propio programador el elegir una u otra manera, ya que dependerá del código y de su complejidad.

En estos dos ejemplos, el código es corto, pero en otras ocasiones en las que tengamos que escribir el código fuente de una máquina que genere agujeros de gusano, deberemos de pensar cuál de ellos es el más adecuado.

¿Seguimos con las cadenas?

Vale, y para ello vamos a seguir usando corchetes. Pero ahora vamos a incluir dos números dentro de ellos, ya que nos facilitará muchísimo las cosas cuando queramos "sacar un chacho" de ellas, es decir, de obtener **subcadenas**.

```
secuencia="Esto es una frase"
subsecuencia=secuencia[5:7]
print (subsecuencia)
```

En este ejemplo, la variable subsecuencia contiene el valor de "es", y lo hemos conseguido con esos dos números que están entre corchetes y separados por dos puntos.

El primero es **el índice del primer carácter** que queremos obtener, el segundo, **el índice del siguiente carácter** al que queremos obtener. Por lo tanto, 5 es la letra "e", pero 7 es el espacio que hay después de "s".

```
>>> %Run cap7_cadenas2.py
  es
>>>
```

La longitud de *subsecuencia* es 2, sin más...

También podremos usar los corches dejando uno de los huecos vacios para obtener un principio y un final de una cadena.

Vamos a verlo con código, que mola más.

```
secuencia="Esto es una frase"
principio=secuencia[:6]
final=secuenca[6:]
print (principio)
print (final)
```

Fíjate ahora en el resultado:

```
>>> %Run cap7_cadenas2.py

  Esto e
  s una frase

>>>
```

Si no ponemos un valor en uno de los dos números (elementos) de los corchetes, Python selecciona o el principio (:6) o el final (6:) automáticamente. En nuestro ejemplo, 6 caracteres desde el principio, o 6 hasta el final.

¿Qué hemos hecho? REBANAR. No es broma, se llama así a esto de sacar un trozo de una frase, bien por el centro, o bien desde el principio o el final.

Y como ya sabrás, a mí me encanta eso de complicar las cosas, así pues, vamos a usar los operadores de comparación con cadenas.

Comparando cadenas

Como con número, los textos también pueden ser comparados, es decir, buscar diferencias con los operadores == y !=.

Vamos a ver un ejemplo patrocinado por mi amigo Miguel de Cervantes Saavedra.

```
frase1="En un lugar de la Mancha, de cuyo nombre no
quiero acordarme"
frase2="En un lugar de la Mancha, de cuyo nombre no
quiero acordarme"
frase3="En un lugar de la Mancha, de cuyi nombre no
quiero acordarme"
if frase1==frase2:
    print ("La primera es igual a la segunda")
else:
    print ("La primera es diferente a la segunda")

if frase1==frase3:
    print ("La primera es igual a la tercera")
else:
    print ("La primera es diferente a la tercera")
```

Primero definimos tres variables con las primeras palabras del libro "El ingenioso hidalgo Don Quixote de la Mancha", pero fíjate bien, pues la tercera tiene un pequeño cambio, pequeñísimo.

Y cuando ejecutemos este código, el resultado es:

```
>>> %Run cap7_cadenascompara.py
    La primera es igual a la segunda
    La primera es diferente a la tercera
>>>
```

¡Claro! Ya que no son EXACTAMENTE iguales. "cuyo" en las dos primeras frases está escrito bien, pero en la tercera, la "o" pasa a ser una "i", por lo tanto, como Python es muy estricto, nos dice que son diferentes.

Lo mismo nos pasaría si en vez de "o" minúscula la cambiamos por una "O" mayúscula. Para Python son diferentes, es decir, para él (o ella, no lo tengo muy claro), **las mayúsculas, minúsculas, tíldes... son caracteres diferentes.**

¿Comparamos más? Por supuesto. Ahora vamos a emplear los operadores ">" y "<".

Vamos a añadir estas líneas al final del código, a ver qué pasa:

```
if frase1<frase2:
    print ("La primera está alfabéticamente antes que la
    tercera")
else:
    print ("La tercera está alfabéticamente antes que la
    primera")
```

Lo que hará Python con estas líneas, es comparar el orden de las letras de la frase, es decir, decide cuál de ellas está alfabéticamente antes que la otra.

¡PERO! Existe un código llamado ASCII, que es el que determina el orden de las letras que usan los ordenadores, y primero están colocadas las minúsculas, luego las mayúsculas, después los números...

Vamos a ver el resultado, y después vemos eso del código ASCII.

```
>>> %Run cap7_cadenascompara.py
   La primera es igual a la segunda
   La primera es diferente a la tercera
   La tercera está alfabéticamente antes que la primera
>>>
```

La pequeña diferencia, esa "i" por esa "o" en las dos frases, hace que Python elija la tercera como primera, ya que la letra "i" está antes en el código ASCII que la "o", y como este código se coloca alfabéticamente, podemos afirmar lo que dice la consola.

Vamos a ver el código para saber en un futuro que caracteres o letras están antes que otros.

Caracteres ASCII Imprimibles					
32	espacio	64	@	96	`
33	!	65	A	97	a
34	"	66	B	98	b
35	#	67	C	99	c
36	$	68	D	100	d
37	%	69	E	101	e
38	&	70	F	102	f
39	'	71	G	103	g
40	(	72	H	104	h
41	)	73	I	105	i
42	*	74	J	106	j
43	+	75	K	107	k
44	,	76	L	108	l
45	-	77	M	109	m
46	.	78	N	110	n
47	/	79	O	111	o
48	0	80	P	112	p
49	1	81	Q	113	q
50	2	82	R	114	r
51	3	83	S	115	s
52	4	84	T	116	t
53	5	85	U	117	u
54	6	86	V	118	v
55	7	87	W	119	w
56	8	88	X	120	x
57	9	89	Y	121	y
58	:	90	Z	122	z
59	;	91	[	123	{
60	<	92	\	124	|
61	=	93	]	125	}
62	>	94	^	126	~
63	?	95	_		

Caracteres ASCII Extendido							
128	Ç	160	á	192	└	224	Ó
129	ü	161	í	193	⊥	225	ß
130	é	162	ó	194	⊤	226	Ô
131	â	163	ú	195	⊢	227	Ò
132	ä	164	ñ	196	—	228	õ
133	à	165	Ñ	197	+	229	Õ
134	å	166	ª	198	ã	230	µ
135	ç	167	º	199	Ã	231	þ
136	ê	168	¿	200	╚	232	Þ
137	ë	169	®	201	╔	233	Ú
138	è	170	¬	202	╩	234	Û
139	ï	171	½	203	╦	235	Ù
140	î	172	¼	204	╠	236	ý
141	ì	173	¡	205	=	237	Ý
142	Ä	174	«	206	╬	238	¯
143	Å	175	»	207	¤	239	´
144	É	176	░	208	ð	240	≡
145	æ	177	▒	209	Ð	241	±
146	Æ	178	▓	210	Ê	242	
147	ô	179	│	211	Ë	243	¾
148	ö	180	┤	212	È	244	¶
149	ò	181	Á	213	ı	245	§
150	û	182	Â	214	Í	246	÷
151	ù	183	À	215	Î	247	
152	ÿ	184	©	216	Ï	248	°
153	Ö	185	╣	217	┘	249	¨
154	Ü	186	║	218	┌	250	·
155	ø	187	╗	219	█	251	¹
156	£	188	╝	220	▄	252	³
157	Ø	189	¢	221	▌	253	²
158	×	190	¥	222	▐	254	■
159	ƒ	191	┐	223	▀	255	nbsp

Estos son solamente algunos de los caracteres, sobre todo los primeros usados en la informática. Pero a día de hoy existen cientos y cientos de estos, ya que cada forma de escribir tiene su propio número, por ejemplo el árabe, el griego, el ruso... Hay muchísimos códigos.

Bueno, que me voy por otro lado ¿Ves que primero están algunos símbolos, después las letras mayúsculas, después las minúsculas? Pues ese es el orden por el que se determinará si una cadena es mayor o menor a otra. Por ejemplo:

- **HOLA** es menor que **hola**
- **Hola** es menor que **hola**
- **hola** es mayor que **Hola**
- **holá** es mayor que **hola**

Esta última, como ves, tiene una falta de ortografía, y no, no es que me haya equivocado, simplemente he tildado la letra "a" para hacer el valor ASCII sea mayor que si no lo estuviera (Las tildes están en la tabla de la derecha).

Otro ejemplo es la letra castellana "Ñ", ya que se trata de un carácter especial, por lo tanto, "España" es mayor que "Espana", pero menor que "Spain".

Pero… ¿No había titulado a este capítulo como juego de la pitón ahorcada? ¿Dónde está el juego? ¿Quién me lo ha quitado?

Tranquilo… Ahora viene el juego, pero es que claro, primero quería enseñarte algunas cosillas más.

Vemos el código y después lo comentamos.

```python
import random
random.seed()
palabras=["camino", "casa", "domingo", "esperar",
"futuro", "galopar", "hotel", "imaginar", "jamaica"]
todas=len(palabras)
unacualquiera=random.randint(0,todas-1)
lapalabra=palabras[unacualquiera]
letras=len(lapalabra)
oculta=""
errores=0
for contador in lapalabra:
    oculta=oculta+"_"

print ("*****************************")
print ("* JUEGO DE LA PITÓN AHORCADA *")
print ("*****************************")
print ("")
print ("Mi palabra tiene "+str(letras)+" letras")
print (" ===> "+oculta)
print ("")
```

```
def pidemeletra():
    global lapalabra
    global oculta
    global errores
    cuantas=0
    contador=0
    letra=input("Teclea una letra para ver si está en
    la palabra\n")
    if letra in lapalabra:
        for x in lapalabra:
            if letra==x:
                indice=lapalabra.find(letra,contador)
                oculta=oculta[:indice] + letra +
                oculta[indice + 1:]
                cuantas=cuantas+1
            contador=contador+1


        print (oculta)
        print (":) Tienes "+str(cuantas)+"
        coincidencia/s")
    else:
        print (oculta)
        errores=errores+1
        print (":( NO has acertado la letra")
        print ("   Tienes "+str(errores)+" error/es
        acumulados")

while "_" in oculta:
    pidemeletra()

print ("")
print ("")
print ("****************************")
print ("*      FELICIDADES       *")
print ("*                        *")
print ("* Has tenido             *")
print ("* "+str(errores)+" errores          ")
print ("****************************")
```

La verdad es que es un código cortito, no es mucho más complicado de lo que habíamos visto hasta ahora...

¡Ops! Creo que se me olvidó una cosilla... el método **find().**

Pues como su propio nombre indica (En inglés), es un método para buscar algo. Y lo que hace es buscar una cadena o carácter en otra cadena, más larga, por supuesto.

Necesitaremos de una variable entera para almacenar la posición en la que encuentre esa letra o subcadena, pero es que además, podremos decirle que busque a partir de un determinado índice. Vamos a ver un sencillo ejemplo de su funcionamiento.

```
unafrase="Hola caracola, mi caracola"
indice1=unafrase.find("caracola",0)
indice2=unafrase.find("caracola",10)
indice3=unafrase.find("caracola",20)
print (str(indice1) )
print (str(indice2) )
print (str(indice2) )
```

Declaramos una variable de tipo cadena llamada unafrase, después le decimos que busque la palabra "caracola" a partir del índice 0, es decir, desde el principio y almacenamos el índice en el que está en la variable de tipo entero indice1.

Hacemos lo mismo con indice2, pero indicándole que busque a partir del índice 10, es decir, la letra "l" de la primera vez que aparece "caracola".

La última línea de búsqueda, ordena que busque la misma palabra, pero a partir del índice 20, es decir, la "a".

El resultado es…

```
Consola
--
>>> %Run cap7_cadenas2.py
  5
 18
 -1
>>>
```

El primer resultado nos da 5, y si contamos, sí, es 5. El segundo 18, y por último... ¿-1?

Claro, y es que eso significa que no la ha encontrado, ya que después del índice 20, la palabra "caracola" no aparece.

¿Pero no estábamos con el juego? Claro. Vamos a ver su diagrama de flujo y lo explicamos.

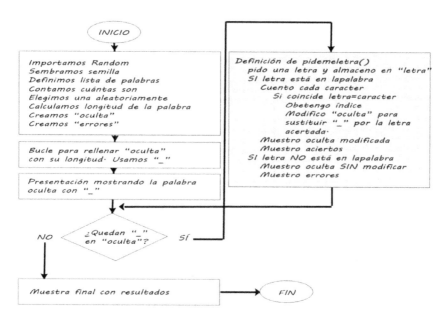

¿Por qué ahora es más feo el diagrama?

Ahora, aunque tampoco es la forma habitual, se parece más al que usamos en programación. Con los círculos indicamos el principio y el fin, con los cuadrados indicamos que pasa algo, y en los rombos, que hay que tomar una decisión.

También se toman dentro de la definición *pidemeletra*(), pero la idea es simplificar y hacer notar solamente lo que es más importante.

Vamos a explicarlo. Primero importamos *random*, sembramos semilla y declaramos variables y listas.

Ahora, mediante un bucle **for**, creamos una variable que contiene tantos "_" (Guiones bajos) como letras la palabra elegida aleatoriamente.

Hacemos una presentación bonita, con estrellas y todo, y después definimos *pidemeletra*(), que es aquí en donde está lo gordo del juego.

Pedimos al jugador una letra, y lo siguiente, es comprobar si está en la palabra oculta almacenada en *lapalabra*. Si está, comienza un bucle **for** para encontrarla tantas veces como esté.

Cada vez que la encuentre busca su posición y la modifica para cambiar el guión bajo por la letra acertada. Lo repetirá desde el principio al fin de la palabra.

Cuenta los aciertos, y una vez modificada la palabra entera, nos lo muestra.

En caso de que no exista la letra en la palabra *oculta*, nos cuenta un fallo y nos lo dice.

Luego viene el rombo, que mira dentro de la variable oculta para saber si queda algún guión bajo. La primera vez que entra… ¡Todo son guiones de esos! Así entonces, ejecuta *pidemeletra*().

Pero después, según vayamos acertando, se irán cambiando los guiones por letras, y cuando no quede ninguna, el programa finalizará con un mensaje diciéndonos los fallos totales que hemos tenido…

Sí que es verdad que es un poco engorroso, así que en el siguiente capítulo veremos una cosa que mola mucho… ¡Ah! Se me olvidaba enseñarte lo malo que soy en este juego…

```
>>> %Run cap7_ahorcado.py

    ******************************
    * JUEGO DE LA PITÓN AHORCADA *
    ******************************

    Mi palabra tiene 7 letras
     ===>  _____

    Teclea una letra para ver si está en la palabra
    a
    _____a_
    :) Tienes 1 coincidencia/s
    Teclea una letra para ver si está en la palabra
    i
    _____a_
    :( NO has acertado la letra
       Tienes 1 error/es acumulados
    Teclea una letra para ver si está en la palabra
    o
    _____a_
    :( NO has acertado la letra
       Tienes 2 error/es acumulados
    Teclea una letra para ver si está en la palabra
    e
    e__e_a_
    :) Tienes 2 coincidencia/s
    Teclea una letra para ver si está en la palabra
    p
    e_pe_a_
    :) Tienes 1 coincidencia/s
    Teclea una letra para ver si está en la palabra

    r
    e_perar
    :) Tienes 2 coincidencia/s
    Teclea una letra para ver si está en la palabra
    s
    esperar
    :) Tienes 1 coincidencia/s


    ***************************
    *       FELICIDADES       *
    *                         *
    * Has tenido              *
    * 2 errores               *
    ***************************
>>> |
```

¡Añade cuantas palabras quieras en la lista y haz más interesante el juego!

CAPÍTULO 7.5

Diccionarios

Y sí, este capítulo es el 7.5, ya que no es muy largo, y bueno, es lo justo para terminar con el nivel Noob…

Vamos a hablar de los **diccionarios**, que en realidad son dos listas en una, y cada fila entrada, cada elemento, está compuesto por dos partes, la primera la llamamos *clave* y la segunda *valor*.

Para declarar un diccionario simplemente hemos de meter entre llaves los elementos dobles separados por dos puntos (*clave:valor*).

```
españolaingles={"hola":"hello", "camino":"track" ,
"adiós":"bye", "tecla":"key", "teclado":"keyboard"
}
```

Y para acceder a un valor mediante una clave:

```
print(españolaingles["hola"])
```

Con esta línea obtendríamos en la consola un escueto "hello".

¿Vemos un programa de ejemplo? ¡Vamos!

Siempre he pensado en la comunicación de las pitones… ¿Qué dirían? ¿Cómo lo harían? ¡En pitoniano!

Pero antes, dos métodos nuevos:

- **upper()**   Convierte una cadena a mayúsculas
- **lower()**   Convierte una cadena a minúsculas

En el siguiente programa, el diccionario castellano-pitoniano está escrito en minúsculas, pero nosotros podremos escribir la palabra como queramos, ya que la transformará siempre a minúsculas para atinar perfectamente en nuestra búsqueda.

```python
diccionario={"comer":"sh","hambre":"shh","cena":"sh
hh","sueño":"shhhh","desayuno":"shhhhh","alimento":
"shhhhhh"}
bandera=True

def salir():
    global bandera
    print("Ciao")
    bandera=False

def pregunta():
    print("")
    print(" DICCIONARIO ")
    print(" Castellano")
    print("       a")
    print(" Pitoniano")
    print("")
    print("Escribe la palabra que quieres
traducir")
    print("    (Para salir escribe salir) ")
    lapalabra=input()
    palabra=lapalabra.lower()


    if palabra in diccionario:
        print (">>>>>")
        print (palabra+" en pitoniano es
"+diccionario[palabra])
        print (">>>>>")
    else:
        print (">>>>>")
        print ("Vaya, esa palabra no existe en
pitoniano")
        print (">>>>>")

    if palabra=="salir":
        salir()

while bandera:
    pregunta()
```

Es un programa sencillo con dos definiciones, la primera para salir
usando una bandera, y la segunda la parte en la que nos pregunta.

```
>>> %Run cap75_pitoniano.py

    DICCIONARIO
    Castellano
          a
    Pitoniano

Escribe la palabra que quieres traducir
    (Para salir escribe salir)
hambre
>>>>>
hambre en pitoniano es shh
>>>>>

    DICCIONARIO
    Castellano
          a
    Pitoniano

Escribe la palabra que quieres traducir
    (Para salir escribe salir)
```

Los zoólogos rompiéndose la cabeza para entender a los animales, y nosotros, con un pequeño programa escrito en Python, lo hemos conseguido.

Examen

Nivel

Noob

Programar con Python ¡Mola!

Ya hemos terminado la primera parte del libro, y si quieres conseguir el diploma que acredita que has aprendido todas y cada una de las palabras que tiene (Bueno, todas… todas…), has de hacer el ejercicio que te propongo, y enviarme el código fuente (El fichero que guardas cuando ejecutas el programa) a esta dirección de email:

dmanchado1977@gmail.com

Una vez que lo compruebe, te enviaré de vuelta el diploma en formato PDF para que puedas presumir de él.

Acuérdate de enviarme los siguientes datos:

- Nombre y Apellido
- Edad
- Localidad y provincia
- Email de respuesta

Pues ya está, ahora a resolver.

EJERCICIO NIVEL NOOB:

```
Un programa que me pregunte:
«¿Qué tabla de dividir quieres hacer?»
Que la genere y que me la imprima en la consola
para verla y así aprendérmela de una vez por
todas.
```

¡SUERTE!

CAPÍTULO 8

Dibujando

Cuando aún era muy joven, quizás tu edad… Unos 10 ó 12 años…
Entró por primera vez un ordenador en mi casa. Un flamante Amstrad
PCW 8256.

Era un ordenador, de aquella, muy revolucionario, ya que era
procesador de textos, y ordenador en sí.

Bueno, morriña aparte, venía con dos lenguajes de programación. El
primero, y más famoso, el **Basic**, que más o menos… por decirlo de
alguna manera, se parece mucho al Python que hemos visto hasta
ahora. Pero había otro, uno con el que dibujar líneas y puntos en la
pantalla verde que hacía que los ojos necesitasen una capa protectora
de crema anti rayos X, anti rayos UVA, anti rayos Gamma… Se
llamaba **Dr.Logo**, y no, no era un doctor, eran las iniciales *Digital
Research*.

Logo es un lenguaje de programación ideado para aprender los
conceptos básicos creando códigos, y es tan eficaz, que incluso Python
lo tiene integrado.

Se llama **turtle**, que en castellano es tortuga, ya que inicialmente, *Logo*
tenía dibujada una tortuga para saber por dónde ibas a dibujar.

Pero vamos a empezar, que se me llenan los ojos de recuerdos…

Para comenzar a usar la tortuga, lo primero es decirle a Python que la importe, igual que hicimos en su momento con *random*.

```
import turtle
```

Y es ahora cuando necesitamos aprender nuevas órdenes… ¡Pero ya verás como molan!

La primera es *setup()*, que se emplea para preparar una ventana en la que dibujar (Hacerlo en la consola no queda bien). Necesita 4 parámetros:

- El ancho de la ventana. En píxeles, esos puntitos de los que está hecha la pantalla de nuestro ordenador.
- El alto de la ventana. Lo mismo, en esos píxeles.
- Posición X de la tortuga en píxeles.
- Posición Y de la tortuga en píxeles.

Estos dos últimos funcionan de una manera especial. Si es un número positivo, cuenta desde el lado izquierdo (X) o superior (Y), pero si es negativo, lo hace desde el lado derecho (X) o inferior (Y). Pero si añadimos la constante **None**, la tortuga aparecerá en el centro de la pantalla.

Un ejemplo es este:

```
turtle.setup(640,480,None,None)
```

Con esta orden creamos una pantalla de 640x480 píxeles y con la tortuga en su centro.

¿Y cómo dibujamos? Pues como en el papel, bajando la pluma.

```
turtle.pd()
```

Esta orden hace que la tortuga, cuando se mueva, deje un rastro dibujado, tal como hace una pluma, un boli o un lápiz.

Pero también podremos levantarla, y lo hacemos con esta otra orden.

```
turtle.pu()
```

¡Bien! Ya sabemos subir y bajar nuestro bolígrafo (Es que pluma me suena a mi amigo Miguel de Cervantes).

Ahora toca dar instrucciones para que comience a dibujar.

```
turtle.fd(distancia)
```

Esta orden hace que la tortuga avance (**foward** en inglés) una distancia en la ventana medida en píxeles.

Por ejemplo, con todo lo visto hasta ahora, escribimos este código:

```
import turtle
turtle.setup(640,480,None,None)
turtle.title("El título de la ventana")
turtle.pd()
turtle.fd(100)
```

El resultado no lo veremos en la consola, será en una ventana que se abrirá casi mágicamente.

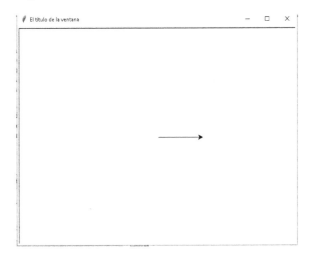

¿Te ha dado tiempo a ver avanzar la tortuga?

¡Bien! Pues échale un vistazo al código, pues había una orden que no te había enseñado aún, y **turtle.title()**… La verdad es que no tiene mayor problema, simplemente pone el título que nosotros queramos en la ventana que se había abierto.

¿Sabes que se puede girar la tortuga? Claro, dibujar rayas hacia la derecha siempre, no es muy entretenido.

```
turtle.rt(ángulo)
turtle.lt(ángulo)
```

Son dos órdenes, la primera gira a la derecha (*Right*), y la segunda a la izquierda (*Left*).

Los números que incluyamos entre los paréntesis deben de ser grados *sexagesimales*… Vamos, de los que nos enseñan en el cole. Pero por si acaso, os lo explico un poco por encima. En un círculo hay 360 grados.

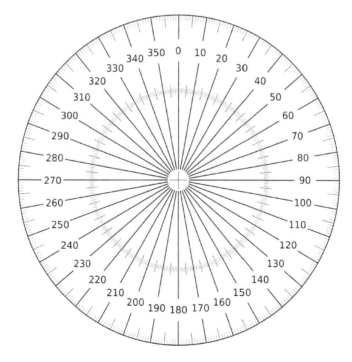

Imagínate que estamos en el centro de la imagen anterior, justo en donde está la cruz. Si miramos hacia arriba, vemos que tenemos un 0, es decir cero grados. Pero si nos giramos completamente hacia la derecha, lo que nos encontramos es un 90.

Por ejemplo, si estoy mirando hacia el 0, y me dicen que gire 310 grados hacia la derecha, quedaré mirando hacia el 310, que en realidad, es lo mismo que si me dijeran que girara 50 grados hacia la izquierda (360-50=310).

Pero ¿Te has fijado que la tortuga avanzó hacia la derecha cuando ejecutamos el programa de antes? Para ella, el 0 está a la derecha. Y será desde allí, desde la derecha (Donde suelen estar los 90 grados), desde donde comience a dibujar.

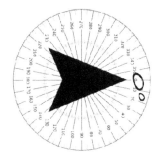

Pero ella siempre tendrá el 0 delante, es decir, cuando le indiquemos que gire a la izquierda, aunque apunte hacia arriba, su cero seguirá estando hacia donde la tortuga mire.

¿Lo vemos mejor con un trocito de código?

```python
import turtle
turtle.setup(640,480,None,None)
turtle.title("El título de la ventana")
turtle.pd()
turtle.fd(100)
turtle.rt(60)
turtle.fd(100)
turtle.rt(60)
turtle.fd(100)
turtle.rt(60)
turtle.fd(100)
turtle.rt(60)
turtle.fd(100)
turtle.rt(60)
turtle.fd(100)
turtle.rt(60)
```

Con estas líneas, lo que hacemos, no es más que ordenar que avance 100 píxeles y gire 60 grados (60°) seis veces, por lo cual, la tortuga nos dibujará un bonito hexágono.

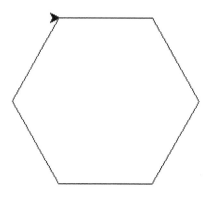

Pero… ¡Esto es Python! Podremos hacer que todo ese código quede dentro de un bucle **while** para acortar el código, ya que si se repite 6 veces…

```
import turtle
turtle.setup(640,480,None,None)
turtle.title("El título de la ventana")
turtle.pd()

cuenta=0
while cuenta<6:
    turtle.fd(100)
    turtle.rt(60)
    cuenta=cuenta+1
```

El resultado es exactamente el mismo, ni más, ni menos.

Pero existen más funciones de movimiento y localización de la tortuga. Vamos a ver algunas de ellas.

Nombre	Parámetros	Notas
turtle.bk(d)	Distancia en px.	Recorre hacia atrás, igual que fd(), pero hacia 180°
turtle.goto(x,y)	Coordenadas X e Y	La tortuga va al punto especificado por X e Y
turtle.setx(x)	Coordenada X	La tortuga va a la coordenada X sin modificar la Y.
turtle.sety(y)	Coordenada Y	La tortuga va a la coordenada Y sin modifica la X.
turtle.seth(a)	Ángulo entre 0 y 360 grados	La tortuga "mirará" hacia el ángulo indicado, tomando el 0 como la derecha.
turtle.home()	Ninguno	Envía la tortuga a las coordenadas 0 y 0, y apuntará hacia 0°.

Hasta ahora habíamos visto que la tortuga se mueve unos determinados píxeles, pero no habíamos hablado de coordenadas.

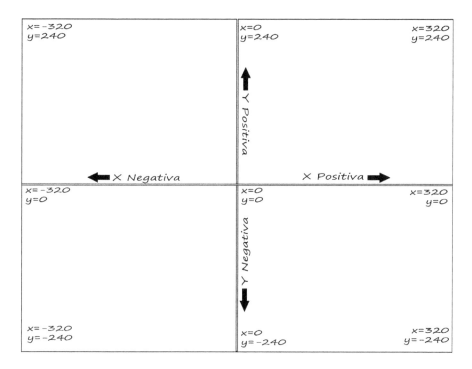

Cuando abrimos una ventana de dibujo, esta tiene unas coordenadas, es decir, un sistema de localización (Algo parecido al GPS del coche), ya que de esta manera, podremos ir a un determinado punto, o bueno, también que Python nos diga en dónde estamos.

En el ejemplo **turtle.setup(640,480,None,None)** creamos una ventana de 640 píxeles de ancho y 480 de alto, pues así, su centro, serán 0 y 0 siempre, pero hacia la derecha del centro, la coordenada x aumentará, pero hacia la izquierda, disminuirá como un número negativo.

Lo mismo ocurre con la coordenada y, ya que si vamos hacia arriba, aumentará, pero hacia abajo, disminuirá.

Por lo tanto, aunque la ventana mida 640 píxeles de ancho, nosotros dispondremos de una coordenada x que va de -320 a 320.

En el dibujito de arriba he marcado las coordenadas de las cuatro esquinas, y las de los cuatro centros de los laterales.

Por ejemplo, podremos usar el sistema de coordenadas para dibujar algo…

```
import turtle
turtle.setup(640,480,None,None)
turtle.title("El título de la ventana")

turtle.pu()

turtle.goto(-100,100)
turtle.pd()

turtle.goto(100,100)
turtle.goto(100,-100)
turtle.goto(-100,-100)
turtle.goto(-100,100)
```

Fíjate que antes de comenzar he levantado la pluma del papel con *pu()* para después llevar la tortuga a las coordenadas -100 y 100. Si no la hubiera levantado, dejaría el rastro hasta donde iba desde el centro.

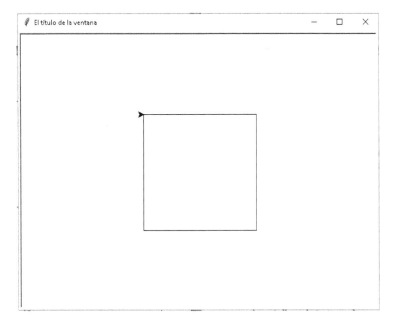

¡Hemos dibujado un cuadrado centrado en la ventana!

Y ahora, para terminar este capítulo, voy a enseñarte un par de funciones más.

Nombre	Parámetros	Notas
turtle.cirlcle(r,t,p)	Radio, "trozo" y pasos.	Cículo: r=Radio en px. t="Trozo" a dibujar en grados. Si no se pone, dibuja el círculo completo p=Pasos. Si no se pone, lo dibuja perfecto.
turtle.dot(t,c)	Tamaño y color	Punto: t=Tamaño en px. c=Color (Ya veremos eso)

Como indico en la tabla, estas dos funciones realizan dibujos de círculos. La primera, como tal, y la segunda como un punto.

Las coordenadas de origen, es decir, desde donde empieza a dibujarse el círculo, es la posición de la tortuga, pero en el punto, serán su centro.

Vamos a ver un ejemplo sencillo.

```
import turtle
turtle.setup(640,480,None,None)
turtle.title("El título de la ventana")

turtle.pd()

turtle.circle(100)
```

Este ejemplo simplemente dibuja un círculo que parte desde x=0 e y=0, y como dibuja en sentido contrario a las agujas del reloj, nos lo dibujará en la zona de Y positiva, pero la mitad derecha en X positiva, y la mitad izquierda en X negativa:

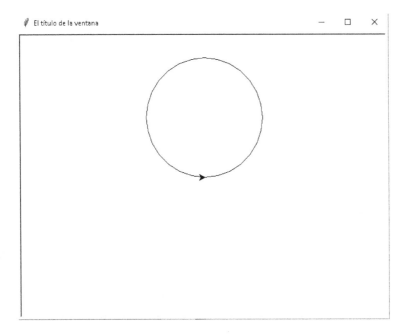

¿Creamos algo bonito? ¡Claro! Vamos a aprovecharnos de que *circle*() puede dibujar solamente un trozo para hacerme un retrato.

```python
import turtle
turtle.setup(640,480,None,None)
turtle.title("El título de la ventana")
turtle.pd()
turtle.st()
turtle.circle(100)
turtle.pu()
turtle.goto(-50,50)
turtle.seth(-30)
turtle.pd()
turtle.circle(100,90)
turtle.pu()
turtle.goto(-50,120)
turtle.pd()
turtle.dot(20)
turtle.pu()
turtle.goto(50,120)
turtle.pd()
turtle.dot(20)
turtle.ht()
```

¡Anda! ¡Mi careto!

¿Te has fijado que cuando termina de dibujar, la tortuga desaparece?

Sí, son esos dos métodos que hay en el código que no os he explicado.

- **turtle.st()** muestra la tortuga (*Show Turtle*)
- **turtle.ht()** esconde la tortuga (*Hide Turtle*)

Programar con Python ¡Mola!

CAPÍTULO 9

Dibujando
Mejor

La verdad es que ver estos dibujitos, así, tan blancos y tan negros, da un poco de pena… ¡Vamos a darles colorido!

Pero antes, quiero explicaros unas cosas sobre los colores, sobre todo, los colores que usan los ordenadores.

Un color, sea cual sea, está compuesto por tres colores, es decir, **colores primarios**. En informática, estos tres colores son ROJO, VERDE y AZUL, no como en el cole, que en vez del verde está el amarillo.

Habitualmente los verás como **RGB**, que son las iniciales de Red, Green y Blue.

Bueno, pues dependiendo de la cantidad de rojo, verde o azul que pongamos, el color resultante será distinto. Para ello usamos una escala del 0 al 255, es decir, el 0 indica que no hay nada de ese color, y el 255 que está todo.

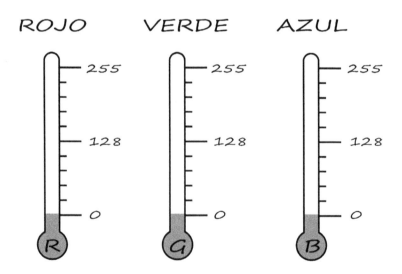

Cuando todos los colores (El R, el G y el B) son 0, el color resultante es negro, pero si son todos 255, será blanco.

¿Y qué sucede si los dejamos a la mitad, a 128?

Pues obtendríamos un gris.

Voy a ponerte una tabla, pero ten en cuenta una cosa, que también añado el nombre en inglés (Ya os lo explicaré después).

Nombre	Inglés	R	G	B
Blanco	white	255	255	255
Negro	black	0	0	0
Gris	gray	128	128	128
Rojo	red	255	0	0
Azul	blue	0	0	255
Verde	green	0	255	0
Amarillo	yellow	255	255	0
Rosa	magenta	255	192	203
Marrón	brown	165	42	42
Violeta	violet	238	130	238

¿Y cómo usamos estos colores? Pues dentro de métodos que nos permite usar la tortuga, por ejemplo, el color de la pluma...

- **turtle.pencolor**(r,g,b)

Si por ejemplo, usamos este método antes de dibujar una raya, el color que arrastre la tortuga será el que le digamos. Vamos a hacer un cuadrado de distintos colores.

```
import turtle
turtle.setup(640,480,None,None)
turtle.title("Cuadradito de colores")
turtle.colormode(255)
turtle.pu()
turtle.goto(-100,100)
turtle.pd()
turtle.goto(100,100)
turtle.pencolor(238,130,238)
turtle.goto(100,-100)
turtle.goto(-100,-100)
turtle.pencolor("red")
turtle.goto(-100,100)
```

¿Te has fijado que he añadido una línea que pone *turtle.colormode(255)*?

Lo he hecho para decirle a Python que usaremos el método RGB, ya que podríamos usar otros más complicados, pero realmente, el más usado, tanto en este lenguaje como en otros, es el RGB.

Esto… En la penúltima línea hay un *"red"*… Claro, y es que podremos usar una cadena de texto como color cuando exista en la lista *TKColors*, que son constantes que contienen los tres valores de rojo, verde y azul.

Pero habitualmente, como andar buscando el color en la lista donde hay cientos de ellos (¡Y además en inglés!), usamos directamente el sistema de los tres números del 0 al 255.

¿Vemos el resultado?

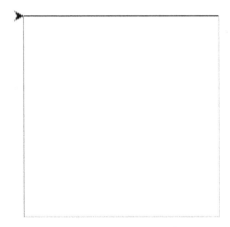

Es el mismo cuadrado del capítulo anterior, pero este, como hemos añadido los métodos de color, es más molón.

> Tienes que perdonarme, pues el libro, como es en blanco y negro, eso de los colores no aparece muy bien…

¿Y solamente podemos dibujar rayas de colores?

Pues no, por ejemplo también podremos elegir el color de fondo con:

- *turtle.bgcolor(r,g,b)*

Funciona exactamente igual que pencolor(), la diferencia es que aquí elegimos el color con el que nos gustaría ver el fondo.

Lógicamente, antes de comenzar a dibujar, deberemos de elegir un color que contraste con el fondo, ya que si elegimos negro para el fondo, como la tortuga de mano también pinta en ese color, pues no veremos nada…

Por ejemplo, este código:

```
import turtle
turtle.setup(640,480,None,None)
turtle.title("Circulito")
turtle.bgcolor(0,0,0)
turtle.pencolor("white")
turtle.circle(100)
```

Nos genera este dibujito:

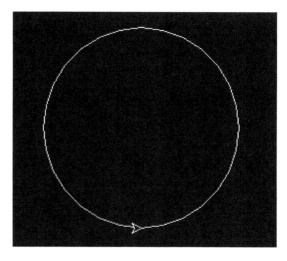

¡Recuerda que 0,0,0 es negro!

¿Y si hacemos algo bonito con esto de colores? Pero fíjate que ahora hay algunas órdenes nuevas…

```python
import turtle
turtle.setup(640,480,None,None)
turtle.title("Cosa")

turtle.color("blue", "green")
turtle.begin_fill()

cuenta=0
while cuenta<36:
    turtle.fd(200)
    turtle.lt(170)
    cuenta+=1

turtle.end_fill()
```

El primer método nuevo que vemos es *color(p,f)*, que no es otra cosa que uno que engloba *pencolor()* para el color de la pluma, y una cosa nueva que se llama **Relleno** *(fill)*.

El relleno se usa para que cuando la tortuga termine de dibujar, si se cierra en un *polígono* lo que ha hecho, automáticamente rellenará con el color elegido.

Pero para decirle que el relleno empiece o acabe, usamos dos nuevos métodos:

- **turtle.begin_fill()** para decirle que comience a rellenar.
- **turtle.end_fill()** para decirle que deje de rellenar.

Ojo, también podríamos elegir el color de relleno con:

- **turtle.fillcolor(r,g,b)**

¿Vemos el resultado? Por supuesto.

¿Y por qué ha hecho una estrella?

Recuerda que el círculo tiene 360 grados, pues cuando ordenamos girar a la tortuga, le decimos que lo haga 170 grados, es decir, que apunte casi detrás de ella (Justo detrás serían 180 grados).

Esa diferencia, los 10 grados de 180-170, hace que el dibujo tenga un "pico". Como entero, el círculo son 360, si cada vez ordenamos un giro de 10 grados, en total tendrá 36 "picos", es decir, 360 entre 10, que claro, no es otra cosa que 36.

Si cambiamos un par de valores…

```
[…]
cuenta=0
while cuenta<12:
    turtle.fd(200)
    turtle.lt(150)
    cuenta+=1
turtle.end_fill()
[…]
```

Ahora la estrella tiene 12 "picos"…

180 (Justo detrás) menos 150, son 30.

360 entre 30 son 12.

Pero para lo siguiente vamos a hacer una estrella un poco más sencilla…

```
[…]
cuenta=0
while cuenta<8:
    turtle.fd(200)
    turtle.lt(135)
    cuenta+=1
turtle.end_fill()
[…]
```

Ahora dibujará una estrella de 8 "picos".

Ya que esto nos servirá para entender el siguiente paso: Formas.

Formas (*Shapes en inglés*)

Con las formas, lo que haremos, es "almacenar" un dibujo en una tipo especial de variable que precisamente, se llama *shape* (En realidad se llama **Tupla**, pero la empleamos como *shape*)

Vamos a ver unos métodos para entender esto de las formas:

- **turtle.begin_poly()** Con esta orden, le diremos a Python que a partir de ahora, dibujaremos un polígono.
- **turtle.end_poly()** Sirve para indicar que hemos terminado de dibujar nuestro polígono.
- **turtle.get_poly()** Si asignamos una variable a este método, se nos almacena lo que ha dibujado entre *begin_poly* y *end_poly*.
- **turtle.register_shape(*nombre,polígono*).** Asignamos a *nombre* el polígono de la variable.
- **turtle.shape(*nombre*).** Asigna el polígono almacenado en *nombre* a la tortuga en vez del triangulito (El puntero).

Y para usarlas, lo mejor, es viendo un ejemplo:

```python
import turtle
turtle.setup(640,480,None,None)
turtle.title("Cosa")

turtle.color("blue", "green")
turtle.speed(9)

turtle.begin_poly()
turtle.begin_fill()
cuenta=0
while cuenta<8:
    turtle.lt(135)
    turtle.fd(200)
    cuenta+=1
turtle.end_fill()
turtle.end_poly()
```

```
forma=turtle.get_poly()
turtle.register_shape("estrellita",forma)

turtle.pu()
turtle.goto(100,0)
turtle.shape("estrellita")
```

He "metido" entre el *begin_poly* y el *end_poly* la parte que dibuja la estrella de ocho puntas, el **polígono**. A continuación, mediante *get_poly*, he asignado ese polígono a *forma*. Después, con *register_shape* le he dicho a Python que *estrellita* es el nombre de una forma que se encuentra en *forma*. Para acabar, después de mover la tortuga con *goto*, he ordenado que la flecha de la tortuga sea ahora una *shape*, ("estrellita")

Mirad el resultado:

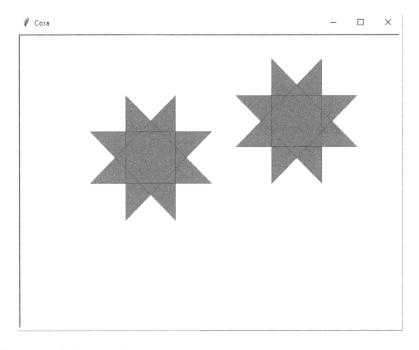

¿Y para qué sirve esto?

Pues por ejemplo, para crear la ilusión de animar el polígono, es decir, la tortuga.

```python
import turtle
turtle.setup(640,480,None,None)
turtle.title("Cosa")
turtle.color("blue", "green")
turtle.speed(9)

turtle.pu()
turtle.begin_poly()
turtle.begin_fill()

cuenta=0
while cuenta<8:
    turtle.lt(135)
    turtle.fd(200)
    cuenta+=1

turtle.end_fill()
turtle.end_poly()
forma=turtle.get_poly()

turtle.clear()

turtle.register_shape("estrellita",forma)
turtle.shape("estrellita")
turtle.goto(-100,0)

cuenta=0
while cuenta<100:
    turtle.rt(10)
    cuenta+=1
```

Ahora he desactivado (levantado) la pluma antes, para que no dibuje la primera estrella. Pero el relleno seguirá haciéndolo, así que con el nuevo método *turtle.clear()* se borrará la pantalla.

Después, como antes, he asignado estrellita como puntero de la tortuga, pero ahora, como he añadido un bucle **while** en el que girará sin parar (100 veces), dando la impresión de que se mueve una estrella y no un puntero.

¿Y podremos hacer más cosas? Pues sí, como por ejemplo hacer que gire infinitamente hasta que ocurra algo que nosotros provoquemos:

Eventos

Un evento es un suceso, y en el caso de la tortuga de Python, algo que nosotros provoquemos. Para ello algunas funciones disponibles son:

- **turtle.listen()** comienza a *"escuchar"* eventos.
- **turtle.onkeypress(***definición,tecla***)** Ejecuta la definición que se ha añadido cuando se pulse la tecla que se indique.
- **turtle.onclick(***definición,botón***)** Ejecuta la definición cuando se pulsa el botón del ratón. 1=Izquierdo, 2=Central y 3=Derecho.

Vamos a modificar las últimas líneas del programa anterior, y en vez de tener esto:

```
cuenta=0
while cuenta<100:
    turtle.rt(10)
    cuenta+=1
```

Vamos a hacer alguna cosilla más… Por ejemplo, añadir una definición para que el programa se detenga. Usaremos una bandera que será en un principio verdadera (True), pero que cuando se pulse la tecla "E" del teclado, pase a ser False.

```
bandera=True

def parar():
    global bandera
    bandera=False

turtle.listen()
turtle.onkeypress(parar,"e")

while bandera:
    turtle.rt(10)
```

También podríamos omitir la tecla, es decir, que el método *onkeypress* quedara solamente así:

- *onkeypress(parar)*

Entonces sería cualquier tecla que se pulsase la que activaría la definición *parar*.

Lo mismo ocurre cuando se omite el número de botón en *onclick*, ejecutará la definición pulsando cualquier botón del ratón.

CAPÍTULO 10

Dibujando como
un PRO

Estrella Ninja

```python
import turtle

ninja = turtle.Turtle()

ninja.speed(10)

for i in range(180):
    ninja.fd(100)
    ninja.rt(30)
    ninja.fd(20)
    ninja.lt(60)
    ninja.fd(50)
    ninja.rt(30)

    ninja.pu()
    ninja.goto(0, 0)
    ninja.pd()

    ninja.rt(2)
```

Quisiera comentarte algunas cosas que no habíamos visto, como por ejemplo, que aquí, en vez de trabajar directamente con *turtle*, creamos un objeto que funciona como *turtle*. Simplemente lo llamamos *ninja* y lo asignamos con *ninja=turtle.Turtle()*.

Podremos crear tantas tortugas como queramos, siempre de la misma manera, y para llamar a cada una de ellas, usaríamos el nombre que hemos creado.

Y una función nueva que aparece en este código es **range()**, que lo único que hace es crear una secuencia desde 0 hasta 179, el número anterior al que indicamos entre los paréntesis.

De este modo, el bucle **for** irá pasando la variable *i* desde 0 a 179.

¿Vemos el resultado?

La verdad es que sí que parece una estrella ninja. Solamente hace falta un mozo vestido de negro para asustarme.

Estrella espiral

```
import turtle

espiral = turtle.Turtle()

for i in range(20):
    espiral.fd(i * 10)
    espiral.rt(144)

turtle.done()
```

Aquí hemos añadido una operación matemática dentro de *fd()*, y lo que conseguimos es que en cada repetición del bucle, y usando la variable *i* del **for**, aumentemos la distancia recorrida por la tortuga que ahora llamamos *espiral*.

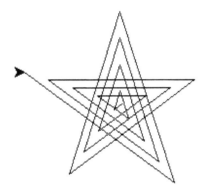

También he añadido una nueva función llamada *done()*, y lo que hace es confirmar que hemos dejado de usar el módulo de la tortuga, así como terminar con la "escucha" iniciada con *listen()*.

Círculos en espiral

```
import turtle

ventana = turtle.Screen()
turtle.speed(0)

for i in range(100):
    turtle.circle(5*i)
    turtle.circle(-5*i)
    turtle.lt(i)
```

La verdad es que no tiene complicación alguna, solamente comentaros que podremos crear una ventana con *turtle.Screen()* que se abrirá antes de ejecutar el bucle **for**.

¡Ah! Una cosa curiosa de *speed()*, es que 1 es la velocidad más lenta, 9 la más rápida, pero 0, a pesar de ser el que iría antes que 1, es la más rápida de todas.

Con ello obtenemos:

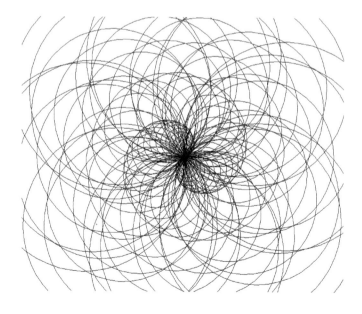

Espiral de colores

```python
import turtle
colores = ['red', 'purple', 'blue', 'green',
'orange', 'yellow']

boli = turtle.Pen()
turtle.bgcolor('black')
for x in range(360):
    boli.pencolor(colores[x%6])
    boli.width(x/100 + 1)
    boli.fd(x)
    boli.lt(59)
```

Aquí vemos que usamos módulo como operación matemática dentro de la selección de color en la lista colores.

Podemos usar un objeto propio de *turtle*, en este caso su pluma, y para ello, como en el ejemplo de la estrella ninja, podremos emplearla con métodos propios. La he llamado *boli*.

Y hay un nuevo método, *width()*, que lo único que hace es definir el ancho de la línea que arrastra la tortuga.

CAPÍTULO 11

Ficheritos
de Texto

¿Sabías que con Python puedes usar ficheros? ¡Claro! Todos los lenguajes de programación lo hacen. Pero ¿Es útil?

Recuerda, en el capítulo de la lista de la compra sacábamos un resultado por pantalla, pero si ese mismo resultado, u otro, lo almacenamos en un fichero, después podríamos sacarlo en papel en nuestra impresora ¿No es más útil que llevarnos el ordenador al súper?

Pero bueno, no quiero liarla más con ese programa, así que ahora, crearemos uno nuevo... por ejemplo, la tabla de multiplicar... (Es lo primero que se me ha ocurrido).

```python
tabla=3

for numero in range(10):
    print (str(numero+1)+"x"+str(tabla)+"="+
            str((numero+1)*tabla) )
```

Estas pocas líneas crean la tabla de multiplicar del 3, ya que es el número que he asignado a la variable *tabla*. Y lo único que hacemos es decir a Python que imprima en la consola:

- Número del ciclo +1. Es decir, como empieza por 0, será el 1, y como acaba en el número anterior al indicado (10), será 9+1, es decir, 10.
- Después concatenamos "x" para indicar que multiplicamos.
- Concatenamos el número de "tabla", en el ejemplo 3.
- Concatenamos un igual (=).
- Y concatenamos el resultado de multiplicar (numero+1) por 3.

Y todo esto lo repetimos 10 veces (Del 0 al 9)

```
>>> %Run cap11_tabla.py
    1x3=3
    2x3=6
    3x3=9
    4x3=12
    5x3=15
    6x3=18
    7x3=21
    8x3=24
    9x3=27
    10x3=30

>>>
```

La verdad, ya hubiera querido tener esto cuando iba a 3° de E.G.B.

Pero en vez de imprimirlo en la consola directamente, podremos almacenar en una lista los resultados.

Cambia la línea que está en el bucle por esta otra:

```
latabla.append( (str(numero+1)+"x"+str(tabla)+"="+str(
(numero+1)*tabla) ) )
```

Y bueno, claro, habría que declara *latabla* como lista antes, justo al principio estaría bien:

```
latabla=[]
```

No nos saldría nada por la consola, ya que no se lo hemos dicho.

Pero ahora vamos a guardar a buen recaudo nuestro código, ya que antes de seguir, quiero explicaros algunas cosas sobre ficheros.

Manejo de ficheros

Ya lo sé, es una palabra rara... "manejo"... pero es que originalmente, en inglés es *handling*, que no es otra cosa que *manejo*, tal cual... ¡Qué le vamos a hacer!

El caso, para manejar ficheros, sobre todo de texto, que serán los que veamos por ahora , necesitamos asignarlo a una **clave de fichero**, que es algo así como una variable que usaremos para hacer lo que sea que vayamos a hacer en el fichero... También se le llama **manejador**.

Y esa clave la obtenemos mediante una nueva función llamada **open()**.

Dentro de *open()* hay que incluir dos parámetros:

- 1º **Nombre del fichero** como cadena de texto. Por ejemplo, "pepe.txt"
- 2º **Modo** de apertura:
  - o "r" para usarlo solamente como lectura
  - o "a" para añadir cosas en él. Si no existe el fichero, crea uno nuevo con el nombre.
  - o "w" para escribir. Si no existe el fichero, crea uno nuevo con el nombre y SOBREESCRIBE lo que haya.
  - o "x" para escribir. Crea el fichero, y si existe, genera un error.

Un ejemplo del uso de *open()* es:

```
ficherito=open("tabladel3.txt","a" )
```

ficherito es el manejador... la clave, y el fichero a la que está asociada es "*tabladel3.txt*", y bueno, lo hemos abierto o creado para añadirle cosas.

¿Y qué hacemos con esto?

Lo más sencillo, escribir en él. Lo hacemos con el método write() añadido después de un punto a la clave. Dentro de los paréntesis pondremos todo aquello que queramos poner en el fichero, bueno, una línea de texto.

```
ficherito.write("Estoy añadiendo una línea")
```

Pero **ES IMPORTANTE** que cuando hayamos terminado de escribir todo aquello que queramos añadir, lo cerremos, ya que si queda abierto, ningún otro programa o usuario podrá usar ese archivo para editarlo, borrarlo...

Lo hacemos con el método *close()*.

```
ficherito.close()
```

Solamente con esta línea, nuestro fichero estará disponible para otros menesteres, y la verdad, no cuesta nada añadir el close ese al final.

¿Volvemos al ejemplo de la tabla de multiplicar del 3? Vale, voy a escribiros el código completo.

```
tabla=3
latabla=[]

for numero in range(10):
        latabla.append( (str(numero+1) +"x"+
        str(tabla) +"="+ str( (numero+1)*tabla) ) )

ficherito=open("tabladel3.txt","a")

for numero in range(10):
        ficherito.write(latabla[numero]+"\n")

ficherito.close()
```

La verdad es que con lo que ya he explicado, no veo problema en entender el funcionamiento… Generamos la tabla en el primer bucle **for** y la almacenamos en la lista. Ponemos el manejador ese, y en un nuevo bucle **for** añadimos una a una cada línea de la tabla.

Pero en la consola no ha pasado nada, ya que no le hemos dicho que escribiera algo. Pero en la carpeta en donde estaba el fichero de Python…

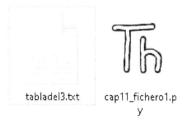

tabladel3.txt   cap11_fichero1.p
y

¡Se ha creado un nuevo fichero con el nombre que queríamos! Claro, lo raro sería que Python le hubiera bautizado como "Pelocho.txt"…

¿Lo abrimos haciendo doble clic encima del icono?

```
tabladel3.txt: Bloc de notas

Archivo   Edición   Formato   Ver   Ayuda
1x3=3
2x3=6
3x3=9
4x3=12
5x3=15
6x3=18
7x3=21
8x3=24
9x3=27
10x3=30
```

¡Perfecto! Pero ahora te propongo otra cosa. Cierra el bloc de notas y vuelve a ejecutar el programa pulsando el botón *Run*.

Ahora vuelve a abrir el fichero que se ha generado…

```
tabladel3.txt: Bloc de notas

Archivo   Edición   Formato   Ver   Ayuda
1x3=3
2x3=6
3x3=9
4x3=12
5x3=15
6x3=18
7x3=21
8x3=24
9x3=27
10x3=30
1x3=3
2x3=6
3x3=9
4x3=12
5x3=15
6x3=18
7x3=21
8x3=24
9x3=27
10x3=30
```

¡Anda! Se han añadido las líneas otra vez…

Claro, hemos usado el modo "a", pero en cambio, si lo hubiéramos hecho con "w", cada vez que ejecutemos el programa y abriéramos el fichero, el contenido sería siempre el mismo, ya que según se abre, borra todo lo que tenga dentro.

¿Y podemos leer lo que tenga un fichero en su interior? Por supuesto. Para eso usamos un par de funciones.

- **read()** devuelve todo el contenido del fichero de texto, pero si añadimos entre los paréntesis un número entero, lee los primeros caracteres que hemos indicado.
- **readline()** lee una línea, es decir, hasta que encuentre un retorno de carro *(\n)*. Lee secuencialmente, es decir, cada vez que usemos *readline*() nos devolverá una línea nueva, la siguiente.

Para leer un fichero entero por líneas se usa un bucle **for**, pero eso después. Vamos a ver primero *read()*.

Crea un nuevo fichero en Python y escribe todo esto:

```
ficherito=open("tabladel3.txt","r")

print (f.read())

ficherito.close()
```

Espero que no hayas borrado el fichero de antes, el de la tabla… Y que guardes este código en el mismo sitio…

¿Vemos que pasa en la consola?

```
>>> %Run cap11_leetabla.py
   1x3=3
   2x3=6
   3x3=9
   4x3=12
   5x3=15
   6x3=18
   7x3=21
   8x3=24
   9x3=27
   10x3=30
   1x3=3
   2x3=6
   3x3=9
   4x3=12
   5x3=15
   6x3=18
   7x3=21
   8x3=24
   9x3=27
   10x3=30

>>>
```

¡Bien! Hemos leído todo el fichero, las dos veces que metimos la tabla del 3…

¿Probamos añadiendo un número entre los paréntesis de *read*… por ejemplo 10?

```
>>> %Run cap11_leetabla.py
   1x3=3
   2x3=
>>>
```

¿Por qué solamente hay 9 y no 10? Muy sencillo. El **retorno de carro** (\n) también cuenta como carácter, así que aunque no lo veamos, está ahí, vivito y coleando.

Vamos ahora a probar a leer el mismo fichero, pero por líneas, con el **for** ese que os decía antes:

```
ficherito=open("tabladel3.txt","r")

for linea in ficherito:
    print (linea)

ficherito.close()
```

El resultado es muy similar al de antes, pero con una pequeña observación...

```
>>> %Run cap11_leelineas.py
   1x3=3

   2x3=6

   3x3=9

   4x3=12
```

¿Ves que entre cada línea de la tabla hay una vacía? Eso es por una razón, ya que *print* añade siempre el retorno de carro, y como la propia línea del fichero ya la tenía, ahora la tenemos **repe**...

Y por último, al menos en esto de las lecturas, sería esto:

```
ficherito=open("tabladel3.txt","r")

print (ficherito.readline())
print (ficherito.readline())

ficherito.close()
```

El resultado de leer con readline() es este, al menos usándolo dos veces:

```
>>> %Run cap11_leelineas2.py
   1x3=3

   2x3=6


>>>
```

Y como antes, se nos acumulan los retornos de carro…

Pero te voy a contar un secreto… Si antes de cerrar los paréntesis del *print* **añadimos una coma (,) y end="", la consola no cambiará de línea…**

```
ficherito=open("tabladel3.txt","r")

print (ficherito.readline(),end="")
print (ficherito.readline(),end="")

ficherito.close()
```

Este truco sirve siempre que puedas usarlo con *print*, tanto en este ejemplo, como en toooooodooooooos los anteriores.

Examen

Nivel

Pro

Ya hemos terminado la segunda parte del libro, y si quieres conseguir el diploma que acredita que has aprendido todas y cada una de las palabras que tiene (Bueno, todas… todas…), has de hacer el ejercicio que te propongo, y enviarme el código fuente (El fichero que guardas cuando ejecutas el programa) a esta dirección de email:

dmanchado1977@gmail.com

Una vez que lo compruebe, te enviaré de vuelta el diploma en formato PDF para que puedas presumir de él.

Acuérdate de enviarme los siguientes datos:

- Nombre y Apellido
- Edad
- Localidad y provincia (No la dirección completa)
- Email de respuesta

Pues ya está, ahora a resolver.

EJERCICIO NIVEL PRO:

```
Un programa que me pregunte:
«¿Qué tabla de sumar quieres hacer?»
Que la genere y que me la guarde en un fichero que
se llame como la tabla, por ejemplo,
«tabladel7.txt»
```

¡SUERTE!

CAPÍTULO 12

Ficheritos
Binarios

En el capítulo anterior usábamos un fichero de texto para añadir los números de la tabla de multiplicar, pero existe otro método de acceso a ficheros, sobre todo para cuando no trabajemos con texto… Son los que llamamos "binarios".

Solamente hemos de añadir una letra "b" en el modo. Por ejemplo, en este código lo hacemos así:

```
ficherito=open("unbinario.txt","ab")

ficherito.write("HOLA")

ficherito.close()
```

Le he dicho que me abra el fichero en modo "Añadir" y que además es un fichero binario.

¿Pero qué pasaría si quisiera ejecutarlo?

```
>>> %Run cap12_escribebinario1.py
  Traceback (most recent call last):
    File "C:\Users\CONSUE\cap12_escribebinario1.py", line 2, in <module>
      ficherito.write("HOLA")
  TypeError: a bytes-like object is required, not 'str'
>>>
```

Un error de los que salen en rojo… Y es que me está diciendo que es un fichero binario, que quiere algo hecho de bytes, no que sea cadena de texto… ¿Y cómo hacemos?

Pues metiendo algo que no sean cadenas de texto…

Un objeto de bytes es una lista especial que se llama **array** binario, y bueno, es algo especial. Vamos a corregir el ejemplo:

```
ficherito=open("unbinario.txt","ab")

numeros=[104, 111, 108, 97]
arraybinario=bytearray(numeros)
arraycadena=bytearray("HOLA","ascii")

ficherito.write(arraybinario)
ficherito.write(arraycadena)

ficherito.close()
```

Creamos una lista con los números que nos interese guardar, por ejemplo, 104, 111, 108 y 97. Después, con la nueva función **bytearray** convertimos la lista de números en un *array binario*, que esos sí que los quiere.

Además, mirad, convertiremos también la cadena "HOLA" con **bytearray**, pero aquí hemos de poner un tipo de codificación, en este ejemplo, "*ascii*".

Escribimos los dos *arrays* con **write**… y nada, cerramos el fichero.

Cuando lo ejecutemos, en la misma carpeta que nuestro código fuente de Python, aparecerá un nuevo icono llamado "unbinario.txt". Le he puesto una extensión *txt* para que se pueda abrir con el bloc de notas.

___

unbinario.txt: Bloc de notas

Archivo   Edición   Formato   Ver   Ayuda
holaHOLA

¿PERO QUÉ HA PASADO?

¿Dónde están los números de antes? Ahí, están ahí mismo, lo que pasa es que son los códigos ascii que componen la palabra *hola*:

- **h**=104 **o**=111 **l**=108 **a**=97

Y bueno también habíamos añadido "HOLA" ***binariamente***…

¿Y por qué usar ficheros binarios en vez de los de texto?

Cuenta los caracteres que tiene "hola". Son 4.

Cuenta ahora los de "104,111,108,97". Son 14.

Cuando escribimos un fichero de texto, sobre todo cuando empleamos números, el tamaño aumenta mucho, ya que cada carácter tiene un valor numérico, pero si escribimos valores, la misma información ocupará mucho menos espacio, por lo tanto tendremos un fichero más pequeño y más rápido de usar.

CAPÍTULO 13

Fechas, Horas y
Viajes en el Tiempo

> Es muy habitual que cuando trabajemos con bases de datos
> empleemos el tiempo Unix, que en realidad es un número que
> marca los segundos pasados desde las doce de la noche del 1 de
> enero de 1970. **¡Por eso es un número tan largo!**

En Python existe un módulo para manejar el tiempo (Y no. No nos
hará viajar en él), y se llama **datetime**.

Trabaja con dos tipos de datos llamados precisamente **date** y **time**. El
primero almacena una fecha y el segundo, como sabrás inglés,
almacena una hora. Aunque podemos unirlos en uno llamado también
datetime.

Vamos a ver un ejemplo con unas nuevas funciones:

```
from datetime import datetime
fecha= datetime.now()

print(fecha)
print(fecha.year )
print(fecha.month)
print(fecha.day)
print(fecha.hour)
print(fecha.minute)
print(fecha.second)
print(fecha.microsecond)

enunix=fecha.timestamp()
print ("En horario Unix:")
print (str(enunix))
```

Aquí os quiero explicar una cosa nueva, y que si te habrás fijado, verás
que la primera línea es diferente… Verás, un módulo puede estar
compuesto por varias funciones o grupos, y si solamente queremos
importar una función, en nuestro caso *datetime* del módulo *datetime*,
podremos indicárselo a Python con **from**.

Podríamos importar todo si empleamos un asterisco:

- **from** random **import** *
- **import** random

Las dos líneas hacen exactamente lo mismo, importar todo lo que haya en el módulo *random*.

Bueno, que nos vamos por los cerros de Úbeda, Jaén...

Creamos un objeto (Una variable) de tipo *datetime* llamada *fecha*, y para ello elegimos el momento actual con el método **now().**

Ahora, dentro de *fecha*, tenemos un montón de datos. Podremos imprimirlos en la consola directamente con *print (fecha),* o ir uno a uno añadiendo un punto y el valor que queramos saber. Son estos:

- **year** para el año (1970~2038)
- **month** para el mes (01~12).
- **day** para el día del mes (01~31).
- **hour** para la hora (00~23).
- **minute** para el minuto (00~59)
- **second** para el segundo (00~59)
- **microsecond** para el microsegundo (La parte decimal de un segundo)

Y por último, lo que hacemos es convertir el valor de *fecha* con **timestamp()** a un número de coma flotante que almacenaremos en la variable *enunix*.

Este número es precisamente la cantidad de segundos que han pasado desde las 00:00 del 01/01/1970. Vamos, el tiempo Unix de toda la vida...

Unix es el nombre de un sistema operativo muy antiguo, pero que hoy en día se sigue usando, tanto como tal, o "transformado". Linux, MacOs o Android son sistemas operativos basados en Unix.

¿Vemos el resultado del código anterior?

```
>>> %Run cap13_tiempounix.py
  2020-12-07 05:44:24.315149
  2020
  12
  7
  5
  44
  24
  315149
  En horario Unix:
  1607316264.315149

>>>
```

La primera línea que nos ha salido, la larga, contiene todos los datos de la fecha y hora actual, y la hemos impreso con *print(fecha)*. El resto ya te imaginarás…

¡Pero! Podremos hacer más cosas, como por ejemplo "crear" nuestras propias fechas y horas. Vamos a verlo con este código:

```python
from datetime import datetime

micumple=datetime(1977,10,24)
print (micumple)

micumpleentero=datetime(1977,10,24,14,15,23,223123)
print (micumpleentero)
```

Lo que hacemos es crear un objeto de tipo **datetime** en el que primero almacenaremos una fecha en orden de año, mes y día. Después la imprimimos en la consola sin más.

Justo después creo *micumpleentero*, pero a esta le añado más valores, que por orden son: año, mes, día, hora, minuto, segundo y microsegundo.

Cuando empleamos este método para crear fechas y horas, los tres primeros datos son obligatorios, es decir, el año, el mes y el día. El resto si no se añaden, se toman como 0.

Vamos a ver la salida en la consola:

```
>>> %Run cap13_creandodatetime.py

  1977-10-24 00:00:00
  1977-10-24 14:15:23.223123

>>>
```

¡Vaya viejo qué soy!

¿Pero cuántos años tengo? Podemos calcularlo con operaciones matemáticas…

```python
from datetime import datetime
micumple=datetime(1977,10,24)
ahora=datetime.now()

miedad=ahora-micumple
print (miedad)

print (ahora.strftime("%A %d de %B del %Y -
%H:%M"))

print (miedad)
dias=miedad.days
edad=dias / 365
print (str(int(edad)))
```

Vemos unas cuantas cosas nuevas, como por ejemplo **strftime()…**

Este método después de una fecha y un punto, nos convierte una fecha en una cadena de texto con el formato que nosotros le indiquemos. Para ello usamos el símbolo del tanto por ciento (%) seguido de una letra que será sustituida por el valor que queramos.

Para conocer los valores, vemos mejor esta lista:

- %a   Día de la semana abreviado en inglés (Sun,Mon, Tue, Wed, Thu, Fri, Sat)
- %A   Día de la semana con el nombre completo (Sunday…)
- %w   Día de la semana con número (0=Domingo, 6=Sábado)
- %d   Día del mes con un cero delante si es de una cifra (01…31)
- %b   Mes con el nombre abreviado (Jan, Feb… Dec)
- %B   Mes con el nombre completo (January…)
- %m   Mes con número con cero (01…12)
- %y   Año del siglo (00..99)
- %Y   Año completo (Ejemplo, 2021)
- %H   Hora en formato de 24 horas con cero (00..23)
- %I   Hora en formato de 12 horas con cero (01…12)
- %p   Indica si es antes o pasado mediodía (AM o PM)
- %M   Minuto con cero (00..59)
- %S   Segundo con cero (00..59)
- %f   Microsegundo con ceros (000000…999999)
- %j   Día del año con ceros (001…365)
- %U   Semana del año con cero (00…53) empezando de domingo.
- %W   Semana del año con cero (00...53) empezando de lunes.
- %c   Representación completa del momento.
- %x   Representación de la fecha del momento.
- %X   Representación de la hora del momento.
- %z   Diferencia horaria con la UTC.
- %Z   Nombre de la zona horaria.

Por lo tanto, "%A %d de %B del %Y - %H:%M", nos devolverá el día de la semana completo, día del mes, la palabra "de", mes con nombre, la palabra "del", año, un guión (-) y la hora y el minuto.

Fíjate que NO concatenamos nada, ya que el método **strftime** busca estas claves (Las que llevan el %) y las cambia automáticamente lo que le indiquemos.

Bueno, seguimos. Fíjate que he restado directamente el momento actual (ahora) de la fecha de mi cumple. Pero el resultado no es ni un objeto *datetime* ni un número. Es uno llamado **deltatime**, que como veremos cuando se imprima, el resultado nos lo da en días.

Por lo tanto, para extraerlos usamos el método **days()** [**No confundir con el método day()**], y con ellos, y dividiéndolos entre 365 días que tiene un año…

```
>>> %Run cap13_calculadoracumple.py

  15750 days, 7:49:43.897164
  Monday 07 de December del 2020 - 07:49
  15750 days, 7:49:43.897164
  43

>>>
```

…Pyton me dice que estoy en plena crisis de los cuarenta… Ains… Voy a comprarme un descapotable.

¿Hacemos este programa más bonito? ¡Venga!

```python
from datetime import datetime

dia=input("Introduce el día de tu cumple\n")
mes=input("Introduce el mes de tu cumple como número\n")
ano=input("Introduce el año de tu nacimiento\n")

elcumple=datetime(int(ano), int(mes), int(dia))
ahora=datetime.now()
edad=ahora-elcumple
dias=edad.days
edad=dias / 365

if (edad>=0 and edad<10):
    print("¡Eres un crack programando con tus "+str(int(edad))+" años!")

if (edad>=10 and edad<20):
    print("Hay que estudiar, que con tus "+str(int(edad))+" años estás en pleno crecimiento")
```

```
if (edad>=20 and edad<30):
    print("Vaya... con tus "+str(int(edad))+" años estás
en lo mejor de la vida")

if edad>=30:
    print("Tienes "+str(int(edad))+" años, luego ya
estás viejete")
```

¡Anda! Hay cosas nuevas… Sí, y es que podremos añadir unas cosas llamadas **Operadores Buleanos**.

Son tres, y se emplean para determinar si una o dos comparaciones son verdaderas o falsas.

- **and**   Si las comparaciones que tiene a los lados son verdaderas, el resultado también es verdadero.
- **or**   Si UNA de las comparaciones que tiene a los lados es verdadera, el resultado también es verdadero.
- **not**   El resultado es lo contrario a lo dado, es decir, si es verdadero, devuelve falso.

Vamos a verlo mejor en una tabla:

Valor 1	Operación	Valor 2	Resultado
True	**and**	True	*True*
True	**and**	False	*False*
False	**and**	True	*False*
False	**and**	False	*False*
True	**or**	True	*True*
True	**or**	False	*True*
False	**or**	False	*True*
False	**or**	False	*False*
	not	True	*False*
	not	False	*True*

Cabe decir que **not** solamente tiene una operación. Un ejemplo de **not** sería:

- ***if not** edad<20:*

Por ejemplo, al código anterior podremos añadirle las líneas:

```
if not edad>60:
    print ("Tienes menos de 60 años")
```

Y con todo juntico obtenemos esto (Lo he ejecutado dos veces para ver las diferencias):

```
>>> %Run cap13_cumple.py

  Introduce el día de tu cumple
  24
  Introduce el mes de tu cumple como número
  10
  Introduce el año de tu nacimiento
  1977
  Tienes 43 años, luego ya estás viejete
  Tienes menos de 60 años
>>> %Run cap13_cumple.py

  Introduce el día de tu cumple
  24
  Introduce el mes de tu cumple como número
  10
  Introduce el año de tu nacimiento
  1922
  Tienes 98 años, luego ya estás viejete
>>>
```

Recuerda:

No se han gestionado errores, luego si introduces una cadena de texto en vez de un número… Errorcillos…

CAPÍTULO 14

Bases de Datos
y SQLite

Estructura de las bases de datos

Lo primero, primerísimo de todo, es saber qué es eso de una **base de datos**. Y lo mejor para entenderlo, es imaginándonos un videojuego, uno en el que podremos ponernos *skins*, bailar, cambiarnos la mochila, y pegar unos tiros en una isla que se encoge con una tormenta… Nos imaginamos que se llama *Fortday*.

Como Fortday es un juego en línea, la empresa que lo programó necesito una base de datos con los usuarios que juegan habitualmente en él, y supongamos, que se llame *fd_usuarios*.

Para organizar los datos de los usuarios son necesarias unas cosas llamadas *tablas*. Cada tabla tiene un nombre y una estructura. Por ejemplo, la primera tabla podría llamarse *us_datospersonales*.

En esta tabla tendremos **columnas**, que son básicamente, el nombre de un determinado dato, que imaginemos, la tabla *us_datospersonales* tiene:

- **index** – Es un índice numérico para acceder a cada determinado dato.
- **nombre** – El nombre de usuario. Es de tipo cadena de texto.
- **email** – La dirección de correo electrónico que usó el usuario para registrarse en el juego.
- **password** – La contraseña que el usuario eligió cuando se registró.

Pero también tendremos filas, que en realidad son los datos que se corresponden con cada columna de cada usuario. Por lo tanto, una tabla como la del ejemplo tendría este aspecto si tenemos dos usuarios.

index	nombre	email	password
1	Juan Pedro	juanpedro@miemail.com	juan1234
2	Luis Javier	luisjavier@otroemail.com	luisito99

Pero dentro de *fd_usuarios* también pueden existir más tablas, como por ejemplo, *us_skins*, que almacenará la *piel* que tengamos puesta en ese momento.

usuario	skin	puesto
1	La_amenaza	1609286400
2	Ninja_verde	1609284362

Esta tabla estaría compuesta por tres columnas:

- **usuario**. Un número entero que se corresponde con index de la otra tabla.
- **skin**. Una cadena de texto con el nombre de la piel que esté puesta en ese momento.
- **puesto**. Un número entero con una fecha… ¿Fecha? Sí, una fecha *unix*…

La columna *usuario* está **relacionada** con la columna *index* de la anterior tabla. Así, por ejemplo, cuando el usuario ejecute Fortday, lo primero que hará será meter su email y contraseña. Si se corresponden con los de la tabla *fd_datospersonales*, tomará el índice (*index*) para ir a la tabla *us_skins* y buscará en la columna usuario el que coincida, y cuando lo haga, leerá el nombre de la piel. También podría leer la columna *puesto* para saber desde cuando la usa.

Bien, ahora ya tenemos una idea de un ejemplo de base de datos…

¿La creamos?

Lo primero es saber que vamos a usar un módulo llamado **sqlite3**, que trabaja con un **sistema local de bases de datos**, es decir, crea un fichero que será nuestro almacenamiento (Es que volver a llamarlo base de datos se me hacía muy repetitivo… ¡Ya lo volví a decir!)

Para ello simplemente lo importamos, y vamos viendo las funciones que tiene incorporadas.

Pero también tengo que decirte una cosa… **SQL es propiamente otro lenguaje, no de programación, pero sí de acceso y modificación de datos.**

```
import sqlite3

conexion = sqlite3.connect('fd_usuarios.sqlite')

cursorcillo = conexion.cursor()

cursorcillo.execute('CREATE TABLE us_datospersonales
(indice INTEGER, nombre TEXT, email TEXT, password
TEXT)')

conexion.close()
```

Mirad, primero he importado el módulo **sqlite3**, que será el encargado de darnos acceso a las bases de datos.

Luego he creado una conexión con el método **connect()**, y lo que está entre paréntesis es el nombre de la BDD (*Vamos a llamar a partir de ahora así a las Bases de DDatos*), que realmente es un fichero, y si no existe, nos lo crea en el mismo directorio donde esté guardado nuestro código fuente:

fd_usuarios.sqlite   cap14_creando.p
                              y

Una vez que ya tengamos la base de datos abierta o creada necesitamos un **cursor**, es decir, algo con lo que movernos por dentro de sus tripas, y para ello lo he creado con *conexion.cursor()* asignándole el nombre de *cursorcillo*.

Después, para poder escribir nuestras órdenes en SQL (El lenguaje ese que os decía antes), usaremos el método **execute()** e incluiremos entre los paréntesis lo que queramos hacer.

Por último, SIEMPRE cerraremos la conexión con la BDD con el método **close().**

Y si ejecutamos el código, la primera vez nos creará la BDD y la tabla *us_datospersonales*. Pero la segunda vez nos provocará un **error** de la leche, ya que ya existía esa tabla.

Por lo tanto, me veo en la obligación moral de explicaros algo de SQL…

Lenguaje SQL

Son sentencias, es decir, frases que montamos con algunas palabras clave.

La primera que conoceremos es **CREATE TABLE**, y lo que hará, como su propio nombre en inglés indica, crea una tabla.

Necesita algunas cosas:

- Nombre de la tabla
- Columnas

El nombre ha de ser una sola palabra, por lo tanto podremos usar el guión bajo _ para separarlas. En el ejemplo anterior la había llamado *us_datospersonales*, así sé que habrá dentro de ella, y que además, como he puesto el "us" primero, sabré que va sobre usuarios.

 Las columnas hemos de meterlas entre paréntesis, y además, les hemos de dar un nombre y un tipo.

En el ejemplo hemos visto que las columnas son index, nombre, email y password, pero a la primera le hemos dicho que almacenaremos datos de tipo número entero con **INTEGER**, al resto, que serán cadenas de texto con **TEXT**.

SQLite solamente tiene cuatro tipos de datos:

- **TEXT**   Para almacenar textos.
- **INTEGER**   Para almacenar números enteros.

- **REAL**   Almacena un número de coma flotante. Con decimales, vaya.
- **BLOB**   Son datos binarios, y realmente, aquí se pueden almacenar cualquier tipo de cosas. Por ejemplo imágenes, música... Realmente casi nunca se usan, ya que lo habitual es que estén en un fichero externo.

Así, en el ejemplo, hemos creado la tabla *us_datospersonales* con la siguiente orden:

CREATE TABLE us_datospersonales (indice INTEGER, nombre TEXT, email TEXT, password TEXT)

¿A qué no es tan difícil?

Pero antes os comentaba que cuando ejecutaba el programa por segunda vez provocaba un error al existir una tabla con el mismo nombre... Para ello podremos usar **DROP**, que lo que hace es borrar.

DROP TABLE IF EXISTS us_datospersonales

Con ella borramos la tabla indicada **SI EXISTE**.

Por lo tanto, el código anterior, para que no nos provoque errores, sería:

```python
import sqlite3

conexion = sqlite3.connect('fd_usuarios.sqlite')

cursorcillo = conexion.cursor()

cursorcillo.execute('DROP TABLE IF EXISTS
us_datospersonales')

cursorcillo.execute('CREATE TABLE us_datospersonales
(indice INTEGER, nombre TEXT, email TEXT, password
TEXT)')

conexion.close()
```

Si eliminásemos la parte que pone **IF EXISTS**, intentará borrarla siempre, exista o no. Y si no existe… Pues otro error…

Además fíjate que lo que incluyamos entre los paréntesis de *execute*, en vez de poner comillas, uso apóstrofes (La tecla al lado del 0 que no es el 9). Esto lo hago porque después podremos emplear comillas dentro de los apóstrofes para añadir otros datos.

Vale, ya sabemos crear una tabla… ¿Cómo añadimos datos?

Con una nueva orden llamada **INSERT INTO** de la siguiente manera:

INSERT INTO tabla (columna1, columna2…) VALUES (valor1,valor2…)

Hemos de indicar el nombre de la tabla, y justo después, entre paréntesis indicaremos las columnas que queremos añadir. Seguirá la palabra VALUES para decir que ahora vendrán los valores, y como tal, entre paréntesis los ponemos.

Por ejemplo, creamos un fichero de código nuevo y escribimos esto:

```python
import sqlite3

conexion = sqlite3.connect('fd_usuarios.sqlite')

cursorcillo = conexion.cursor()

cursorcillo.execute('INSERT INTO us_datospersonales
(indice,nombre,email,password) VALUES (1,"Juan
Pedro","juanpedro@miemail.com","juan1234")')

conexion.commit()

conexion.close()
```

¿Ves que ahora los datos que he introducido están entre comillas? Sí, los que son texto, el índice, que era de tipo entero va tal cual, así, a sus anchas.

Acuérdate siempre de añadir el método **commit()** cuando termines de escribir en la BDD para que los cambios queden guardados.

Pero en la consola no aparece nada… No sabemos si se ha añadido a Juan Pedro correctamente. Necesitamos aprender a leer.

Lo hacemos con **SELECT**.

SELECT tiene parámetros, como todo en esto de la programación… No iba a ser ello menos.

Son:

- Columna/s   El nombre de la columna que queramos leer.
- Tabla   El nombre de la tabla.

Pero los usaremos de este modo:

SELECT columna/s FROM tabla [WHERE condición] [LIMIT x]

Traducido esto al castellano sería algo así como:

SELECCIONA columna/s DE tabla DONDE condición LÍMITE x.

Pero si te fijas, entre corchetes he añadido un par de cosas…

- **WHERE**   Devuelve el dato solamente si se cumple una condición.
- **LIMIT**   Limita el número de datos que queramos obtener.

Estas órdenes no son obligatorias, pero conviene usarlas, ya que así limitaremos muchísimo los datos obtenidos.

Vamos a recuperar lo que añadimos antes con un nuevo programa.

```
import sqlite3
conexion = sqlite3.connect('fd_usuarios.sqlite')
cursorcillo = conexion.cursor()

cursorcillo.execute('SELECT nombre,email, password FROM
us_datospersonales WHERE indice=1 LIMIT 1')

for fila in cursorcillo:
    print (fila)
```

Ahora el resultado de la consulta se almacena en el cursor, en nuestro caso, cursorcillo.

Le hemos dicho que SELECCIONE las columnas *nombre, email y password* DE la tabla *us_datospersonales* DONDE el índice sea 1 y que lo LIMITE a un resultado en caso de que hubiera más coincidencias.

El resultado de todo esto queda almacenado en el objeto de tipo cursor, y para desgranarlo, podremos usar un bucle **for**.

Cada uno de los resultados es una **tupla**, es decir, una lista que contiene valores de distintos tipos. Para diferenciar una tupla de una lista se cambian los corchetes por paréntesis.

¿Lo vemos?

```
>>> %Run cap14_lectura.py

  ('Juan Pedro', 'juanpedro@miemail.com', 'juan1234')

>>>
```

Una tupla, al igual que en una lista, podremos acceder a cada uno de sus datos individualmente con corchetes. Añade estas líneas en vez de *print (fila)*

```
for fila in cursorcillo:
    print (fila[0])
    print (fila[1])
    print (fila[2])
```

El resultado ahora en nuestra consola se muestra así:

```
>>> %Run cap14_lectura.py

  Juan Pedro
  juanpedro@miemail.com
  juan1234

>>>
```

¿A qué mola?

Pero necesitamos saber más, al menos, algunas cosas más. Por ejemplo, borrar filas de una determinada tabla.

Lo hacemos con DELETE, y la verdad, funciona de manera muy parecida al resto de órdenes que habíamos visto hasta ahora.

DELETE FROM tabla [WHERE condición]

Como ya habrás adivinado, *tabla* es el nombre de la tabla en la que queremos borrar algo. Y *condición*, pues eso, si se cumple en la fila, se borra.

Ojo, porque si no añades una cláusula WHERE, borrarías todo el contenido de la tabla, ya que no hay condiciones para limitar el borrado.

Vamos a ver un ejemplo de borrado.

```
import sqlite3
conexion = sqlite3.connect('fd_usuarios.sqlite')
cursorcillo = conexion.cursor()

cursorcillo.execute('DELETE FROM us_datospersonales
WHERE nombre="Juan Pedro" ')

conexion.commit()
conexion.close()
```

Simplemente borramos las filas de la tabla *us_datospersonales* en donde el nombre coincida con "Juan Pedro".

A ver, contemos, ya sabemos crear bases de datos, tablas, insertar, leer y eliminar… ¿qué nos falta?

¡Ah! Nos queda por aprender el editar datos de una tabla.

Lo hacemos con la orden UDPATE, y la estructura de la frase es esta:

UPDATE tabla SET (col1="dato", col2=dato…) WHERE condición

La única cosa que creo que merece la pena comentar es SET, ya que después de él, entre paréntesis, añadiremos igualaciones para asignar nuevos valores a las columnas que elijamos. Lógicamente estos cambios se harán en las filas en donde *condición* se cumpla.

Un ejemplo del uso de UPDATE:

```
import sqlite3
conexion = sqlite3.connect('fd_usuarios.sqlite')
cursorcillo = conexion.cursor()

cursorcillo.execute('INSERT INTO us_datospersonales
(indice,nombre,email,password) VALUES (1,"Juan
Pedro","juanpedro@miemail.com","juan1234")')

conexion.commit()

cursorcillo.execute('UPDATE us_datospersonales SET
nombre="Paco Javi", email="uno@cualquiera.com" WHERE
indice=1')

conexion.commit()

conexion.close()
```

En realidad es el mismo ejemplo que usé para enseñar el funcionamiento de INSERT, pero aquí he añadido una ejecución más con UPDATE, que cambiará el nombre y el email en las filas en las que el índice sea 1.

Pero… Si aquí añado una y otra vez esto, al final tendría una tabla como esta:

indice	nombre	email	password
1	Paco Javi	uno@cualquiera.com	Juan1234
1	Paco Javi	uno@cualquiera.com	Juan1234
1	Paco Javi	uno@cualquiera.com	Juan1234
1	Paco Javi	uno@cualquiera.com	Juan1234
1	Paco Javi	uno@cualquiera.com	Juan1234

¿Qué sentido tiene tener un millón de filas si todas son iguales?

Pues hay solución, y es hacer que el índice se incremente solito, es decir, que cada vez que añadamos una fila, el índice aumente automáticamente.

Lo hacemos añadiendo PRIMARY KEY AUTOINCREMENT en el momento de la definición de la tabla.

Recuperemos el código de ejemplo de cuando creamos *us_datospersonales* y modifiquémoslo.

```
import sqlite3

conexion = sqlite3.connect('fd_usuarios.sqlite')

cursorcillo = conexion.cursor()

cursorcillo.execute('DROP TABLE IF EXISTS
us_datospersonales')

cursorcillo.execute('CREATE TABLE us_datospersonales
(indice INTEGER PRIMARY KEY AUTOINCREMENT, nombre TEXT,
email TEXT, password TEXT)')

conexion.close()
```

¡Tachán! Ya está, y claro, ahora no nos hará falta indicar el índice cuando insertemos filas:

```
cursorcillo.execute('INSERT INTO us_datospersonales
(nombre,email,password) VALUES ("Juan
Pedro","juanpedro@miemail.com","juan1234")')
```

Así, si ejecutamos el mismo programa de antes varias veces, la tabla quedaría estructurada así:

indice	nombre	email	password
1	Paco Javi	uno@cualquiera.com	Juan1234
2	Paco Javi	uno@cualquiera.com	Juan1234
3	Paco Javi	uno@cualquiera.com	Juan1234
4	Paco Javi	uno@cualquiera.com	Juan1234
5	Paco Javi	uno@cualquiera.com	Juan1234

¡Menuda diferencia! Aunque bueno, meter siempre los mismos datos…

Otra cosa… ¿Sabes que puedes incluir variables en las frases de SQL?

Usando variables de Python en SQL

Pero no directamente, deberemos de "pasarlas" mediante una tupla, una lista que contiene distintos tipos de datos. Pero ojo, no podrá ser insertada así a lo bruto, tendremos que indicarle en dónde irán las variables.

Al método **execute** podremos añadirle un nuevo parámetro, la tupla, y en la frase, y POR ESTRICTO ORDEN, pondremos interrogantes (?) en donde queramos que vaya la variable.

Por ejemplo, vamos a imaginarnos que la tabla *gatitos* de la BDD *mascotas* tiene estas columnas:

- Índice.   INTEGER, es autoincremental.
- Nombre   TEXT
- Edad   INTEGER
- Madre   TEXT

Y ahora queremos añadirle algunas filas que hemos obtenido preguntando al usuario...

```
import sqlite3
conexion = sqlite3.connect('mascotas.sqlite')
cursorcillo = conexion.cursor()

sunombre=input("Teclea el nombre del gato\n")
suedad=input("Teclea la edad del gato\n")
sumadre=input("Teclea el nombre de la madre\n")
laedad=int(suedad)

cursorcillo.execute('INSERT INTO gatitos
(nombre,edad,madre) VALUES (?,?,?)' ,
(sunombre,laedad,sumadre))

conexion.commit()
conexion.close()
```

Así pues, Python sustituirá el primer interrogante por el valor de la variable *sunombre*, el segundo interrogante por *laedad*, que es la conversión a entero de *suedad*, y el tercer interrogante por el valor de la variable *sumadre*.

La conversión *laedad=int(suedad)* no es obligatoria, y podríamos colocar en la tupla directamente *suedad*, pero personalmente, me gusta "ajustar" los tipos para que cada uno sea el que se requiere.

También pueden usarse estos interrogantes en las frases UPDATE, por ejemplo:

```
cursorcillo.execute('UPDATE gatitos SET nombre=? WHERE
índice=?', (sunombre, suindice))
```

Pero ojo, si solamente usamos un interrogante, la tupla ha de tener una coma después de la variable. Por ejemplo:

```
cursorcillo.execute('UPDATE gatitos SET nombre=? WHERE
índice=2', (sunombre,))
```

A ver… Creo que ya no me olvido de nada… Perfecto. Es el momento de crear un programa con todo esto de tablas, bases de datos y SQL…

CAPÍTULO 15

Mis Amigos

Bien, pues vamos a escribir el código fuente para gestionar a todos nuestros amigos.

Para ello hay dos ficheros Python. El primero crea la base de datos y la tabla en la que los añadiremos, y el segundo gestionará la base de datos mediante un menú con varias opciones.

Vamos a por el primero:

```python
import sqlite3
conexion = sqlite3.connect('misamigos.sqlite')
elcursor = conexion.cursor()

elcursor.execute('DROP TABLE IF EXISTS amigos')

elcursor.execute('CREATE TABLE amigos (indice INTEGER
PRIMARY KEY AUTOINCREMENT, nombre TEXT, edad INTEGER,
telefono TEXT)')

conexion.close()
```

La BDD con nombre "misamigos" tiene una tabla llamada "amigos", y esta, una estructura por columnas así:

- indice   INTEGER con autoincremento
- nombre   TEXT
- edad   INTEGER
- teléfono   TEXT

Si cuando se ejecuta el programa ya existiera la tabla amigos, automáticamente la borra.

Vamos ahora a por el segundo código:

```python
import sqlite3
conexion = sqlite3.connect('misamigos.sqlite')
elcursor = conexion.cursor()

salida=False

def salir():
    global salida
    print ("¡HASTA LUEGO COCODRILO!")
    salida=True

def muestra_menu():
    print ("**********************")
    print ("SELECCIONA UNA OPCIÓN:")
    print ("   1 - Añadir amigo   ")
    print ("   2 - Ver amigo      ")
    print ("   3 - Borrar amigo   ")
    print ("   4 - Editar amigo   ")
    print ("   5 - Salir          ")
    print ("**********************")
    opcion=input()
    if opcion=='1':
        anadir_amigo()
    if opcion=='2':
        ver_amigo()
    if opcion=='3':
        borrar_amigo()
    if opcion=='4':
        editar_amigo()
    if opcion=='5':
        salir()
```

En esta primera parte del código conectamos a la BDD, creamos el cursor, y creamos dos definiciones.

Tenemos una bandera que se llama "salida", que cuando sea True, el programa finalizará. Para eso tenemos la primera definición, que cambia el estado original False por True.

La segunda definición nos muestra un menú, y dependiendo del valor de la variable "opción", llamará a una u otra función.

```
def anadir_amigo():
    print ("")
    sunombre=input ("Teclea el nombre\n")
    suedad=input ("Teclea la edad\n")
    sutelefono=input("Teclea su teléfono\n")
    laedad=int(suedad)

    elcursor.execute ('INSERT INTO amigos
(nombre,edad,telefono) VALUES
(?,?,?)',(sunombre,laedad,sutelefono)

    conexion.commit()

    if elcursor.rowcount != 1:
        print ("Ha ocurrido un error insertando a tu
amigo")
    else:
        print (sunombre+" se ha insertado en la base de
datos"

def ver_amigo():
    print ("")
    sunombre=input ("Teclea el nombre de tu amigo\n")
    elcursor.execute('SELECT edad,telefono,indice FROM
amigos WHERE nombre=? LIMIT 1', (sunombre,) )
    for dato in elcursor:
        edad=dato[0]
        if edad!=None:
            telefono=dato[1]
            elindice=dato[2]
            print ("Datos de: "+sunombre)
            print ("    Edad: "+str(edad))
            print ("     Tlf: "+str(telefono))
            print ("  Índice: "+str(elindice))
        else:
            print ("No he encontrado a tu amigo")
```

En esta segunda parte definimos un par de cosas más. La primera sirve
para añadir una nueva fila a la tabla, y la segunda, para visualizar los
datos de un amigo cuando pregunta por el nombre.

```
def borrar_amigo():
    print ("")
    sunombre=input("Teclea el nombre de tu amigo para
BORRAR\n")
    elcursor.execute('DELETE FROM amigos WHERE nombre=?
',(sunombre,) )
    conexion.commit()
    cuantos=elcursor.rowcount
    if cuantos!=0:
        print ("Se ha/n borrado: "+str(cuantos)+" registro/s")
    else:
        print ("No se ha borrado nada. No existe ese amigo")


def editar_amigo():
    print("")
    suindice=input("Teclea el ÍNDICE de tu amigo\n")
    elcursor.execute('SELECT nombre,edad,telefono FROM amigos
WHERE indice=? LIMIT 1',(suindice,))
    for dato in elcursor:
        nombre=dato[0]
        if nombre!=None:
            edad=dato[1]
            telefono=dato[2]
            print ("***************")
            print ("DATOS ACTUALES")
            print (nombre)
            print (edad)
            print (telefono)
            print ("***************")
            nuevonombre=input("Teclea el nuevo nombre\n")
            nuevaedad =input("Teclea la nueva edad\n")
            nuevotlf =input("Teclea el nuevo teléfono\n")
            elcursor.execute('UPDATE amigos SET nombre=?,
edad=?, telefono=? WHERE
indice=?',(nuevonombre,nuevaedad,nuevotlf,suindice))
            conexion.commit()
        else:
            print("No he encontrado ese amigo")

while salida==False:
    muestra_menu()
```

Y para finalizar tenemos las definiciones que nos sirven para borrar y editar amigos.

Además, el programa en sí, un bucle **while** que nos llevará al menú principal siempre y cuando la bandera "salida" sea falsa, cuando cambie en la definición *salir()*, el programa terminará.

CAPÍTULO 16

Ventanitas

Hasta ahora, y ya son un montón de páginas, solamente hemos trabajado en modo texto, pero es que Windows tiene otras maneras de trabajar, y como su propio nombre indica, con ventanas.

Para escribir un programa que funcione con ventanas, como por ejemplo la calculadora, el Word o el bloc de notas, necesitamos echar mano de un nuevo módulo llamado TKinter, que aunque no es el único que lo hace, este nos servirá para que nuestro programa funcione en otros sistemas operativos como Linux, MacOs o Raspbian.

Realmente es muy sencillo, por ejemplo, para crear nuestra primera aplicación con GUI, Graphic User Interface, que en castellano sería algo así como Interfaz Gráfica de Usuario, solamente necesitamos escribir unas pocas líneas.

```python
from tkinter import *

window = Tk()
window.title("Mi primera ventanita")
window.mainloop()
```

Mirad el resultado:

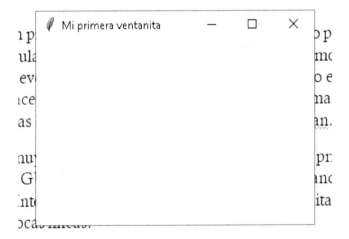

Resulta que se nos aparece una ventana que podremos mover, maximizar… Vamos, como cualquier aplicación normal.

Pero vamos a ver un poco el código, que aunque corto, necesita una explicación.

Primero importamos todas las funciones del módulo **TKinter**, y después creamos un objeto llamado *window* igualádolo con *Tk()*.

Será con ese objeto *window* con el que interactuaremos, como por ejemplo, añadiéndole un título con el método **title().**

PERO si no hiciéramos nada más, la ventana se cerraría al llegar al final del programa. Para evitarlo usamos el método **mainloop()** para que entre en un ciclo infinito y esperando a que pasen más cosas en la ventana… pero como no tenemos más…

¿Hacemos algo más?

Añadamos algún texto por ahí… Lo llamamos **etiquetas**, en inglés de toda la vida, **labels** (O **label** si es una).

```
from tkinter import *

window = Tk()
window.title("Mi primera ventanita")

etiqueta1 = Label(window, text="Primera etiqueta")
etiqueta1.grid(column=0, row=0)

etiqueta2 = Label(window, text="Segunda etiqueta")
etiqueta2.grid(column=0, row=1)


window.mainloop()
```

He añadido dos objetos de tipo **label**, que a la vez que se crean, le decimos en el primer parámetro que nos la coloque en *window* (El objeto de la ventana), y en el segundo especificamos un texto.

Además, mediante el método **grid(column=x,row=y)** podremos colocarla en el lugar que nosotros queramos sustituyendo la "x" y la "y" por valores enteros que se corresponden con huecos en una tabla:

- **column**   Cuadrículas desde la izquierda
- **row**   Cuadrículas desde arriba

Ojo, el uso del método **grid()** es obligatorio, de lo contrario, la etiqueta nunca aparecerá, y el tamaño de la cuadrícula, como el de su altura y ancho, dependerá del tamaño de lo que se encuentre dentro. (Podremos sustituir **grid()** por **place()** que veremos enseguida).

Vamos a ver el resultado:

¡VA TOMANDO FORMA!

Vamos a por más, como por ejemplo, "enriquecerla", que así tan normal sabe a poco.

Podremos añadirle más parámetros:

- font   Define el nombre y tamaño de la fuente.
  Por ejemplo: font=("Arial", 24)
- fg   Define el color del texto.
  Por ejemplo: fg="white"
- bg   Define el color de fondo.
  Por ejemplo: bg="red"
- anchor   Define la posición en la ventana.
  Por ejemplo: anchor=CENTER

Añade esta línea antes del **mainloop()**:

```
etiqueta1.config(font=("Arial bold",14),
fg="white", bg="black", anchor=CENTER)
```

El resultado en nuestra ventanita:

Pero aparece muy pequeñita, y es que Python ajusta el tamaño según el contenido ¡Pero hay solución!

- **geometry('ANCHOxALTO')**

geometry se usa como método al objeto ventana, en nuestro ejemplo llamado *window*. Necesita un parámetro de tipo cadena en el que primero añadimos el ancho, una equis ("x") y finalmente el alto, todo en píxeles. Añade esta línea por ahí… (Antes del mainloop()).

```
window.geometry('500x300')
```

El resultado, la verdad, cambia mucho.

Pero vaya, una etiqueta, así, tan estática, queda muy pobre… Menos mal que tenemos un método para asignarle variables al texto.

StringVar es empleado por TKinter para manejar variables de texto, y con ello, podremos manejar variables como las de Python.

Eso sí, tendremos que declararlas obligatoriamente antes de usarlas, y otra cosa, para asignarles un valor deberemos de usar el método **set()**.

```
texto = StringVar()
texto.set("Cambiamos el contenido de la etiqueta")
etiqueta2.config(textvariable=texto)
```

Después, en la configuración de la etiqueta, podremos asignarle la variable de tipo **StringVar** con el parámetro **textvariable**.

🖋 Mi primera ventanita

Primera etiqueta

Cambiamos el contenido de la etiqueta

Vale, ya sabemos manejar etiquetas como si nosotros mismos las hubiéramos inventado. Pero una ventana contiene muchas otras cosas, como por ejemplo **botones**.

Se crean de manera muy parecida a las etiquetas, pero para que funcionen, deben de estar asignados a una definición con el parámetro **command**.

También podremos añadirle un texto con el parámetro **text**, así como un tamaño con un ancho (**width**) y un alto (**height**). PERO OJO, no son píxeles, son tamaños de texto, es decir, toma el tamaño estándar de un carácter para ajustar el tamaño, por eso los igualo a 10 y a 1. Es raro, pero enseguida te acostumbrarás.

Y claro, podremos posicionarlo con el método **place()**, que este sí, este funciona con píxeles.

Mirad un ejemplo de programa completo:

```
from tkinter import *

window = Tk()
window.title("Mi primera ventanita")
window.geometry('500x300')

etiqueta1 = Label(window, text="Primera etiqueta")
etiqueta1.grid(column=0, row=0)

def cambiante():
    texto = StringVar()
    texto.set("Cambiamos el contenido de la
etiqueta")
    etiqueta1.config(textvariable=texto)

boton= Button(window, text="Clícame",
command=cambiante, width=10, height=1)

boton.place(x=200, y=25)

window.mainloop()
```

Y su resultado (Antes de pulsar el botón):

Claro está que cuando pulsemos el botón, el texto de la etiqueta cambiará.

Hemos aprendido a usar etiquetas y botones… Pues lo siguiente son las entradas de texto, es decir, algo que usemos para escribir en nuestra ventanita.

Se llaman **Entry**, y son las típicas cajitas blancas en las que podremos escribir un texto sencillo, una frase como mucho, ya que no tienen la capacidad de ser *multilínea*.

Modifica el código anterior añadiendo dos líneas antes de la definición y la que asigna (**set**) el texto a la **StringVar**.

```python
cajita = Entry(window, text="Escribe algo")
cajita.grid(column=0,row=25)

def cambiante():
    texto = StringVar()
    texto.set(cajita.get())
    etiqueta1.config(textvariable=texto)
```

Una cajita de estas se define casi como cualquier otro objeto que queramos añadir.

Simplemente necesita parámetros, y en el ejemplo, el primero es la ventana sobre la que queremos situarlo, y el segundo, un texto para etiquetar, es decir, que aparezca pegado a la cajita.

Además, con el método **grid()**, podremos situarla en donde nosotros queramos. Funciona igual que para una etiqueta.

Para leer el valor que contiene la cajita, usamos el método **get()**, que simplemente nos devuelve una cadena de texto.

Vamos a ver el resultado de modificar el código:

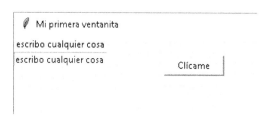

Pero la verdad es que queda como un poco desordenado, así, como colocado al azar…

¡No hay problema! Python y el módulo TKinter nos proporcionan la herramienta ideal (o casi) para que los objetos se coloquen automáticamente. Se llama método **pack()**.

Hemos de añadirlo a cada objeto que queramos "empaquetar" y ajustar, por ejemplo, en el código anterior, eliminando la línea que determina el tamaño de la ventana y las que colocan el resto de objetos, nos quedaría así:

```python
from tkinter import *

window = Tk()
window.title("Mi primera ventanita")

etiqueta1 = Label(window, text="Primera etiqueta")
etiqueta1.pack()

cajita = Entry(window, text="Escribe algo")
cajita.pack()

def cambiante():
    texto = StringVar()
    texto.set(cajita.get())
    etiqueta1.config(textvariable=texto)

boton= Button(window, text="Clícame", command=cambiante,
width=10, height=1)
boton.pack()

window.mainloop()
```

Pero… Bueno, sí… lo ha colocado automáticamente…

```
from tkinter import *

window = Tk()
window.title("Mi primera ventanita")

etiqueta1 = Label(window, text="Primera etiqueta")
etiqueta1.pack()

cajita = Entry(window, text="Escribe algo")
cajita.pack()

def cambiante():
    texto = StringVar()
    texto.set(cajita.get())
    etiqueta1.config(textvariable=texto)

boton= Button(window, text="Clícame", command=cambiante, width=10, height=2)
boton.pack()
```

¡Qué pocholada! ¡Es una ventanita bebé! Es que pack() ajusta hasta el tamaño de la ventana a su contenido…

Bueno, contaros que hay muchísimos componentes (objetos) que podemos ir añadiendo… Pero ahora, y con estos, estamos preparados para escribir nuestra primera aplicación GUI.

```python
from tkinter import *

window = Tk()
window.title("Calculadorcilla")
window.geometry('145x125')

etiqueta = Label(window, text="Resultado")
etiqueta.config(font=("Arial bold",14), fg="green",
bg="black", anchor=CENTER, width=10)
etiqueta.place(x=15,y=90)

cajita1 = Entry(window, text="Número A",width=20)
cajita2 = Entry(window, text="Número B",width=20)
cajita1.place(x=10,y=10)
cajita2.place(x=10,y=40)

def sumar():
    resultado=StringVar()
    resultado.set( str(float(cajita1.get()) +
    float(cajita2.get())))
    etiqueta.config(textvariable=resultado)
```

```python
def restar():
    resultado=StringVar()
    resultado.set(str(float(cajita1.get()) -
    float(cajita2.get())))
    etiqueta.config(textvariable=resultado)

def multiplicar():
    resultado=StringVar()
    resultado.set(str(float(cajita1.get()) *
    float(cajita2.get())))
    etiqueta.config(textvariable=resultado)

def dividir():
    resultado=StringVar()
    resultado.set(str(float(cajita1.get()) /
    float(cajita2.get())))
    etiqueta.config(textvariable=resultado)

btnSumar       = Button(window, text="+", command=sumar,
                 width=1, height=1)
btnRestar      = Button(window, text="-", command=restar,
                 width=1, height=1)
btnMultiplicar= Button(window, text="x",
                 command=multiplicar, width=1, height=1)
btnDividir     = Button(window, text="/",
                 command=dividir, width=1, height=1)

btnSumar.place(x=10,y=60)
btnRestar.place(x=40,y=60)
btnMultiplicar.place(x=70,y=60)
btnDividir.place(x=100,y=60)

window.mainloop()
```

¡Nuestra primera calculadorcilla!

CAPÍTULO 17

Menús y
Dialoguetes

Hemos visto los primeros componentes (Widgets que llaman), pero como hay más, vamos a seguir.

Text es el típico cuadro en el que podremos escribir cosas y en el que tendremos más de una línea disponible. Es el típico recuadro que ocupa casi toda la pantalla del bloc de notas.

Lo declaramos como hasta ahora, añadiendo solamente la ventana a la que queramos que pertenezca:

```
mitexto=Text(window)
```

También tiene características que podremos cambiar o ajustar. Algunas son:

- width y height   Ancho y alto en caracteres, no en píxeles
- font   Una tupla con el nombre y tamaño de la fuente usada.
- bg y fg   Colores de fondo y fuente.

Un ejemplo para añadir un texto:

```python
from tkinter import *

window = Tk()
window.title("Capítulo 17")
window.geometry('300x250')

mitexto=Text(window)

mitexto.config(font=("Console",12), bg="red",
fg="white", width=30,height=10)

mitexto.place(x=10,y=10)

window.mainloop()
```

El resultado, valgan las páginas en blanco y negro, es este:

La verdad es que queda como un poco "triste", ahí, tan solito… Vamos a ver la opción de añadir menús, no de los de elegir comida, de los de elegir acciones.

Lo creamos con **Menu** (Sin tilde), como hasta ahora, asignándole la ventana a la que lo queramos ajustar y configurándolo para que sea el menú principal de la ventana.

Además, una vez creado, deberemos de añadirle opciones, y eso lo hacemos con más **Menu**, pero en vez de asignarlo a la ventana, lo hacemos al propio menú "principal".

Y además, diciéndole en dónde deben de ir con **add_cascade().**

```
menubarra=Menu(window)
window.config(menu=menubarra)

men_fich = Menu(menubarra)
men_edit = Menu(menubarra)
men_ayud = Menu(menubarra)

menubarra.add_cascade(label="Archivo", menu=men_fich)
menubarra.add_cascade(label="Editar", menu=men_edit)
menubarra.add_cascade(label="Ayuda", menu=men_ayud)
```

Si añadimos estas líneas al código de antes…

¡Esto se parece cada vez más al Word! (No te pases Dani…)

Pero vemos que le siguen faltando cosas… Esas dos líneas que hay debajo de "Archivo" no pintan bien… Vamos a darle más chicha a este código con **add_command()**.

```
men_fich.add_command(label="Nuevo", command= tempo)
men_fich.add_command(label="Abrir", command= tempo)
men_fich.add_command(label="Guardar", command= tempo)
men_fich.add_command(label="Guardar como",command=tempo)
men_fich.add_separator()
men_fich.add_command(label="Salir", command=root.quit)
```

Con estas últimas líneas hemos conseguido que "Archivo" tenga algo para desplegarse, con más palabrejas, y además, como cada opción del menú ha de tener una definición asignada, y me he sacado de la manga una llamada "tempo" que lo único que hace es poner "hola" en la consola.

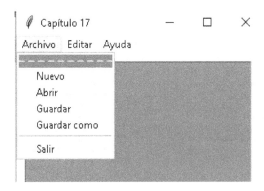

¿Y esa cosa tan fea que hay encima de "Nuevo"? No pasa nada, se puede eliminar cuando definimos el menú desplegable añadiendo esto:

```
menubarra=Menu(window)
window.config(menu=menubarra)

men_fich = Menu(menubarra, tearoff=0)
men_edit = Menu(menubarra, tearoff=0)
men_ayud = Menu(menubarra, tearoff=0)
```

Con el parámetro **tearoff=0** hacemos que esa cosa desaparezca de nuestros menús para siempre (O al menos hasta que lo quites y vuelva a molestarnos).

Ahora llegamos a la siguiente conclusión:

¿Cómo hacemos para que nuestro bloc de notas pueda abrir y guardar archivos de texto, tal como hace el Notepad?

Con DIÁLOGOS

Son esas típicas ventanitas que aparecen cuando quieres abrir o guardar los cambios hechos en cualquier programa, y claro, Python no iba a ser menos, así que también los integra con TKinter.

Pero tenemos que pedir al módulo que nos añada funciones de diálogo, así que deberemos de añadir esta línea debajo del primer **import**.

- **from** tkinter **import** filedialog **as** *dialoguete*

En esta misma línea ya queda definido el diálogo en sí, solamente cambiará cuando lo llamemos para realizar alguna cosa. Por ejemplo, para *abrir*, se emplea el método **askopenfilename().**

Pero tiene algunos parámetros:

- **initialdirectory**   Es el directorio en el que queremos que nos aparezca cuando lo ejecutemos. Si se pone '.' Lo abrirá en el que estemos con nuestro código.
- **filetypes**   Es una tupla de tuplas... Es decir, una lista con varias opciones. Lo vemos mejor después con el ejemplo.

- **title**   Simplemente el título que queremos que
nos aparezca en el diálogo.

Finalmente, el diálogo, así, en modo abrir, nos devuelve una ruta, es
decir, una cadena de texto con el nombre del fichero que hayamos
elegido con sus directorios y disco, por ejemplo: *"C:\cosas\deberes.txt"*

Vamos a crear una definición que nos muestre el diálogo:

```python
def abrir():
    global ruta
    ruta = dialoguete.askopenfilename(
        initialdir='.',
        filetypes=(
            ("Ficheros de texto", "*.txt"),
            ("Todos los ficheros", "*.*")
        ),
        title="Abrir un fichero."
    )
```

Para almacenar la ruta que nos devuelva, usaremos la variable *ruta*, que
primero hemos declarado al principio, y ahora añadimos a la definición
con **global**. Si está vacía, entonces es que hemos cancelado el menú, es
decir, no hemos seleccionado ningún fichero.

Lógicamente también hemos de cambiar el parámetro **command** para
que nos ejecute esta definición:

```python
men_fich.add_command(label="Abrir", command= abrir)
```

El resultado, cuando pulsemos "Abrir" en el menú principal, será la
apertura del típico diálogo de Windows (En este caso):

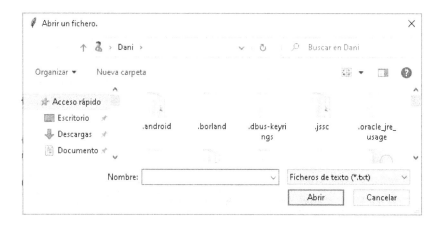

Pero ahora viene la duda… ¿Cómo hacemos para cargar el fichero que queda almacenado en *ruta* en nuestro widget **Text**?

¡Usando aquello que aprendimos con los ficheros!

Vamos a añadir unas líneas más a la definición…

```
def abrir():
    global ruta
    ruta = dialoguete.askopenfilename(
        initialdir='.',
        filetypes=(
            ("Ficheros de texto", "*.txt"),
            ("Todos los ficheros", "*.*")
        ),
        title="Abrir un fichero."
    )
    if ruta != "":
        fichero = open(ruta, 'r')
        contenido = fichero.read()
        mitexto.delete(1.0, 'end')
        mitexto.insert('insert', contenido)
        fichero.close()
        window.title(ruta + " - Editorcillo")
```

Vamos a ver línea por línea:

- El **if** ejecuta su contenido si la variable ruta no está vacía.

- Dentro del **if**, lo primero que vemos es que creamos un manejador de archivo llamado *fichero*, que asignamos como nombre la propia ruta y el modo como lectura con *"r"*.
- Almacenamos todo el fichero en la variable *contenido* mediante el método **read()**.
- Borramos todo el texto que hubiese en *mitexto* mediante el método **delete()**, siendo el primer parámetro 1 y el segundo **"end"** para indicarle que borre desde el principio al final.
- Después insertamos el valor de contenido en *mitexto* mediante el método **insert()** con primer parámetro '*insert*' y segundo el propio contenido.
- Cerramos el manejador con **close()**.
- Y finalmente cambiamos el título de la ventana para que aparezca el fichero junto con el nombre del programa.

¿El resultado?

¿Te suena el fichero que acabo de abrir?

Claro, es aquel que también creamos cuando vimos los ficheros de texto.

Pero hay más, como por ejemplo guardar los cambios que hemos hecho en *mitexto* si escribimos en él.

Si tenemos un fichero abierto, lo más sencillo es guardarlo sin más, para ello podremos crear la definición:

```python
def guardar():
    global ruta
    if ruta != "":
        contenido = texto.get(1.0, 'end')
        fichero = open(ruta, 'w+')
        fichero.write(contenido)
        fichero.close()
```

Funciona exactamente igual a abrir, pero al revés. Decimos que ruta es una variable global, y después:

- Si el contenido de *ruta* no está vacío, es decir, lo hemos abierto, ejecutamos lo siguiente.
- Asignamos a contenido todo lo que haya en *mitexto* mediante el método **get()** con sus dos parámetros, 1 y 'end' para indicar que sea todo (Del principio al final).
- Creamos el manejador *fichero* como lectura con "w".
  Añadiendo el símbolo de sumar (+) conseguimos decirle que si no existe el fichero, que lo cree.
- A continuación volcamos contenido en el fichero mediante el método **write()**.
- Y cerramos el manejador **close()**.

Bien, pero ¿Si queremos guardarlo con otro nombre? Pues usamos un diálogo, pero esta vez usamos el método **asksaveasfile**.

Vamos a crear la definición *guardar_como():*

```
def guardar_como():
    global ruta
    fichero = dialoguete.asksaveasfile(title="Guardar
fichero", mode='w', defaultextension=".txt")
    ruta = fichero.name
    if fichero is not None:
        contenido = mitexto.get(1.0, 'end')
        fichero = open(ruta, 'w+')
        fichero.write(contenido)
        fichero.close()
        window.title(ruta + " - Editorcillo")
```

Como hasta ahora, primero decimos que vamos a usar la variable ruta de modo global. Después:

- Ejecutamos el diálogo mediante el método asksaveasfile() con los parámetros:
  - **title**   Es el texto que aparecerá en el título del diálogo.
  - **mode**   Ponemos "w" para indicar que sea escritura.
  - **defaultextension**   La extensión con la que se guardará el fichero en caso de que no escribamos alguna.
- Después asignamos a la variable *ruta* el nombre del fichero que hemos elegido, lo sabemos con el método **name.**
- Ahora, en este **if**, lo que nos preguntamos es si hemos elegido un fichero (SI *fichero* NO ES nada). Si hay algo, ejecuta las siguientes líneas.
- Volcamos el contenido de *mitexto* en contenido mediante **get()** como hemos hecho tantas veces.
- Creamos el manejado *fichero* con el método **open()** y parámetros *ruta* y "w+".
- Escribimos *contenido* con el método **write()**.
- Finalmente cerramos el manejador.

Fíjate que hemos usado el mismo nombre para obtener el nombre que para el manejador. Como el primero ya no lo íbamos a usar más, lo hemos *reciclado* como manejador.

¿Vemos cómo queda?

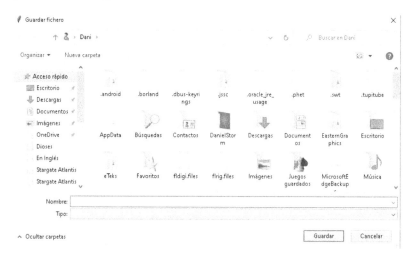

La verdad, como cualquier "Guardar como" de la historia de la informática… No tiene más.

Además, otra cosa que puedes añadir como parámetro al método asksaveasfile() es la cadena de texto **initialdir** o la *tupla de tuplas* **filetypes**.

Y para terminar el programa, y que de paso no se nos complique mucho, vamos a hacer algunas cosillas.

- Borra los menús de edición y ayuda. No los vamos a hacer en estas páginas.
- Creamos una definición para nuevo, que como verás en el código entero, no tiene mayor complicación.
- Quitamos ese rojo chillón a *mitexto*, que me quedo ciego.

```python
from tkinter import *
from tkinter import filedialog as dialoguete

ruta=''

def tempo():
    print("lolo")

def abrir():
    global ruta
    ruta = dialoguete.askopenfilename(
        initialdir='.',
        filetypes=(
            ("Ficheros de texto", "*.txt"),
            ("Todos los ficheros", "*.*")
        ),
        title="Abrir un fichero."
    )
    if ruta != "":
        fichero = open(ruta, 'r')
        contenido = fichero.read()
        mitexto.delete(1.0, 'end')
        mitexto.insert('insert', contenido)
        fichero.close()
        window.title(ruta + " - Editorcillo")

def guardar():
    global ruta
    if ruta != "":
        contenido = texto.get(1.0, 'end')  # Recuperamos
el texto
        fichero = open(ruta, 'w+')         # Creamos el
fichero o abrimos
        fichero.write(contenido)           # Escribimos
el texto
        fichero.close()

def guardar_como():
    global ruta
    fichero = dialoguete.asksaveasfile(title="Guardar
fichero", mode='w',
            defaultextension=".txt")
    ruta = fichero.name
    if fichero is not None:
        contenido = mitexto.get(1.0, 'end')
        fichero = open(ruta, 'w+')
        fichero.write(contenido)
        fichero.close()
        window.title(ruta + " - Editorcillo")
```

```
def nuevo():
    global ruta
    ruta = ""
    texto.delete(1.0, "end")
    root.title("Editorcillo")


window = Tk()
window.title("Editorcillo")
window.geometry('300x250')

mitexto=Text(window)
mitexto.config(font=("Console",12), bg="burlywood1",
fg="maroon", width=30,height=10)
mitexto.place(x=10,y=10)

menubarra=Menu(window)
window.config(menu=menubarra)

men_fich = Menu(menubarra)
menubarra.add_cascade(label="Archivo", menu=men_fich)

men_fich.add_command(label="Nuevo", command=tempo)
men_fich.add_command(label="Abrir", command=abrir)
men_fich.add_command(label="Guardar", command=guardar)
men_fich.add_command(label="Guardar como",
command=guardar_como)
men_fich.add_separator()
men_fich.add_command(label="Salir", command=window.quit)

window.mainloop()
```

Ahora sí, ahora ya puedo mirar la pantalla sin dejarme los ojos en ello. Por cierto, al final del libro te dejo una tabla con un montón de colores que puedes usar.

¡PERO PARA! Que este capítulo aún no ha terminado...

No vamos a profundizar en ellos, pero que sepas que existen más tipos de diálogos. Estos primeros los llamamos con MessageBox.

ShowInfo

Es el típico mensajito que molesta en el centro de la pantalla.

```python
from tkinter import *
from tkinter import messagebox as MessageBox

def test():
    MessageBox.showinfo("Hola!", "Hola mundo")

root = Tk()

Button(root, text = "Aceptar", command=test).pack()

root.mainloop()
```

ShowWarning

Su propio nombre lo indica, nos mostrará una advertencia, o bueno, lo que quieras añadir como parámetro...

```python
MessageBox.showwarning("Alerta",
    "Sección sólo para administradores.")
```

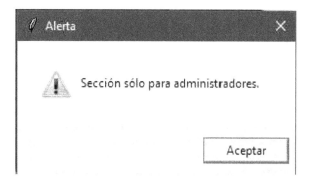

ShowError

Igualico que el anterior, pero cambia el dibujito, nada más.

```
MessageBox.showerror("Error",
    "Ha ocurrido un error inesperado.")
```

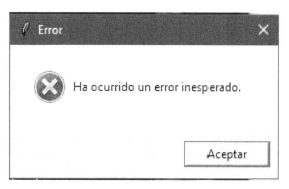

AskQuestion

Nos pone delante una ventanita con un mensaje y dos botones que ponen Si/No.

Después podemos obtener un resultado tipo cadena de texto.

```
resultado = MessageBox.askquestion("Salir",
    "¿Está seguro que desea salir sin guardar?")

if resultado == "yes":
    root.destroy()
```

Por cierto, **destroy()** sirve como **quit()**, para destruir el mundo… No, solamente la aplicación actual… cachis.

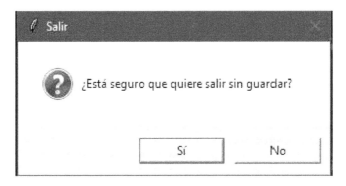

AskOkCancel

Lo mismo, dos botones, y dos opciones…

```
resultado = MessageBox.askokcancel("Salir",
    "¿Sobreescribir fichero actual?")

if resultado == True:
    # Hacer algo
```

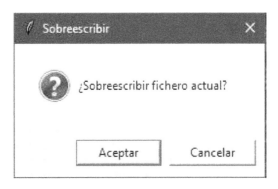

AskRetryCancel

¿No nos vamos a cansar de poner diálogos con dos botones?

```
resultado = MessageBox.askretrycancel("Reintentar",
    "No se puede conectar")

if resultado == True:
    # Hacer algo
```

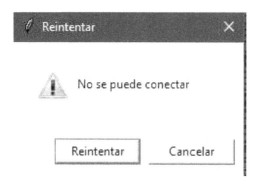

AskColor

¡Bien! Este nos permite seleccionar un color que nos devuelve como una **tupla** con dos elementos. Primero en formato RGB y después como cadena hexadecimal, que en realidad no deja de ser una cadena de texto que podremos usar para asignar un color a algo.

```
from tkinter import colorchooser as ColorChooser

def test():
    color = ColorChooser.askcolor(title="Elige un
color")
    print(color)
```

Este tipo de diálogo está disponible como tipo *ColorChooser*, así pues has de añadirlo con un **import**.

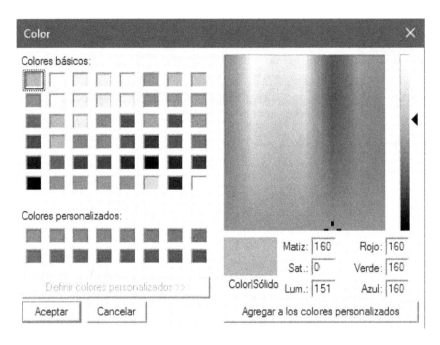

Uff... ¡Qué de diálogos tiene Python! Bueno, en realidad los tiene el sistema operativo, Python solamente hace de intermediario para mostrárnoslos y usarlos.

Vamos a ver un pequeño ejemplo para algunos de estos últimos diálogos. La verdad es que no hace muchas cosas, pero simplemente nos servirá para entender mejor su funcionamiento.

```python
from tkinter import *
from tkinter import colorchooser as colorcillo
from tkinter import messagebox as mensajillo

root = Tk()
root.geometry("300x200")

def cambiante():
    resultado = mensajillo.askquestion("Colores",
    "¿Quieres cambiar el color de la etiqueta?")

    if resultado == "yes":
        elcolor = colorcillo.askcolor(title="Elige un
                color")
        etiqueta.config(fg=elcolor[1])

mensajillo.showinfo("Hola!", "Acabas de ejecutar un
programazo")

etiqueta = Label(root, text="Un texto cualquiera")
etiqueta.place(x=15,y=90)

boton= Button(root, text="Color", command=cambiante,
width=10, height=1)
boton.place(x=15,y=10)

root.mainloop()
```

Simplemente importamos TKinter, y las funciones específicas para mostrar mensajes y el diálogo de colores.

Aquí he llamado *root* a la ventana, ya que es lo habitual, **raíz**, ya que será en donde se coloquen todos los *widgets*.

Realmente el programa no tiene ningún código secreto o algo de eso, sobre todo si has leído lo anterior...

CAPÍTULO 18

Más Widgets
de esos

Llegó el momento de conocer algunos **widgets** más, sobre todo porque cualquier programa con GUI suele tener más cosas que botones y etiquetas.

El primero se llama **Frame**, y es algo así como una sección dentro de la ventana, con sus medidas internas y todo eso.

Un componente, el que queramos, hasta ahora lo habíamos colocado directamente en la ventana, pero también podremos colocarlo dentro de un **Frame**, y las medidas serán tomadas en este, no en la ventana.

```
from tkinter import *

root = Tk()
root.geometry("300x200")

frame = Frame(root)
frame.place(x=10,y=10)
frame.config(width=280,height=180,bd=3,relief="sunken")

etiqueta = Label(frame, text="Un texto cualquiera")
etiqueta.place(x=15,y=15)

root.mainloop()
```

Como vemos, dentro de config podremos añadirle algunos parámetros, como por ejemplo bd, que es el tamaño del borde en píxeles, o relief, que es el tipo de 3D. Opciones para relief son:

- flat   Plano, es el que se pone por defecto.
- raised   Aparece elevado hacia arriba
- sunken   Aparece hundido.
- groove   Con un marco hundido
- ridge   Con un marco elevado

También podrás añadirle otros parámetros como color, o cursor… ¡Sí, podremos cambiar el puntero del ratón!

El parámetro **cursor**, entre otros, acepta estos valores: "arrow", "circle", "clock", "cross", "dotbox", "exchange", "fleur", "heart", "heart", "man", "mouse", "pirate", "plus", "shuttle", "sizing", "spider", "spraycan", "star", "target", "tcross", "trek" ó "watch".

Bueno, finalmente, el *frame* del ejemplo queda así, con un borde de 3 píxeles hundido.

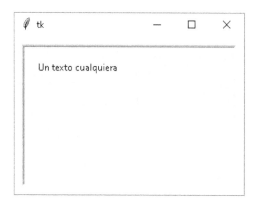

¿Y si quiero que un usuario elija algo? Existen opciones, por ejemplo:

ComboBox

Se trata de un widget que no viene por defecto con TKinter, necesitamos añadirle una extensión para poder usarlo. Pero es muy sencillo.

Lo añadimos con una línea como esta, asignándole un nombre y un marco o ventana:

- combo = **Combobox**(frame)

Y después, hay que añadirle opciones (**values**) con algo como esto, una tupla en la que puedes añadir tipos diferentes:

- combo['**values**']= (1, 2, 3, 4, 5, "Pepe","Paco")

Y además, podremos elegir el que aparezca por defecto empezando por el cero:

- combo.**current**(5)

De tal manera, el código anterior quedaría así:

```python
from tkinter import *
from tkinter.ttk import *

root = Tk()
root.geometry("300x200")

frame = Frame(root)
frame.place(x=10,y=10)
frame.config(width=280,height=180,relief="sunken")

etiqueta = Label(frame, text="Un texto cualquiera")
etiqueta.place(x=15,y=15)

combo = Combobox(frame)
combo['values']= (1, 2, 3, 4, 5, "Pepe","Paco")
combo.current(5)
combo.place(x=15,y=35)

root.mainloop()
```

Y nos muestra…

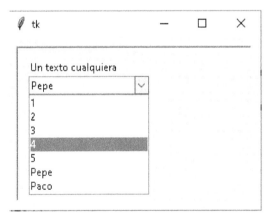

Fíjate que he tenido que eliminar el ancho del borde del marco, ya que por alguna extraña razón, cuando se añade **ttk** para mostrar el desplegable, provoca un error.

Y ahora ¿Cómo hacemos para recuperar un valor seleccionado en el combo?

Con el método **get()**. Funciona de la misma manera que con **Entry**.

Pero primero vamos a ver un par de cosas nuevas, y después leemos estados y cosas de esas.

CheckButton

Se trata de un widget que sirve para seleccionar, es decir, haciendo clic encima de él, quedará marcado o no.

Lo definimos con Checkbutton. Copia este trocito de código antes del mainloop():

```
estado = BooleanVar()
estado.set(True)

chk = Checkbutton(frame, text='Esto es un CheckButton',
var=estado)
chk.place(x=15,y=60)
```

Lo primero que hemos hecho es declarar una variable de tipo **BooleanVar**, que son las usadas por TKinter para almacenar datos buleanos, es decir, que sean verdaderos o falsos.

Para asignarle un valor, en este caso *verdadero*, se emplea el método **set()**.

Y ahora sí, llega la hora de declarar nuestro Checkbutton. Pasamos como parámetros el marco o ventana, un texto que aparezca a su lado, y una variable en la que quedará almacenado si está activado o no, que claro, para eso ya habíamos declarado *estado*.

Por último lo colocamos debajo de todo lo que habíamos puesto hasta ahora.

La ventanita nos quedará así de mona:

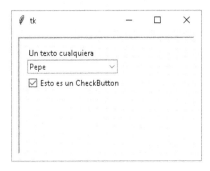

Si queremos saber si está activado o no, simplemente hemos de leer el valor que contiene *estado*. Pero también podremos añadir una definición mediante **command** para que realice algo cada vez que se active o desactive.

- chk = Checkbutton(frame, text='Esto es un CheckButton', var=chk_state,command=suma)

RadioButton

Con un *CheckButton* solamente teníamos la opción de seleccionar una cosa, pero con este nuevo widget, añadiremos cuantos queramos para dar más opciones al usuario.

Añade estas líneas antes del **mainloop**():

```
seleccionado = IntVar()

rad1 = Radiobutton(frame,text='Primero',
value=1,variable=seleccionado)

rad2 = Radiobutton(frame,text='Segundo',
value=2,variable=seleccionado)

rad3 = Radiobutton(frame,text='Tercero',
value=3,variable=seleccionado)

rad1.place(x=15,y=85)
rad2.place(x=100,y=85)
rad3.place(x=185,y=85)
```

Primero creamos una variable de tipo IntVar, que es eso, las que usa TKinter para almacenar valores enteros, es decir, números sin decimales.

Después declaramos tres *Radiobuttons* llamados *rad1, rad2 y rad3*, y en sus parámetros añadiremos el marco o ventana, un valor con **value**, que será el que se almacene en la variable entera que habíamos declarado, ya que se la asignamos mediante el parámetro **variable**.

Y nada, finalmente los colocamos para que quede bonita nuestra ventanita:

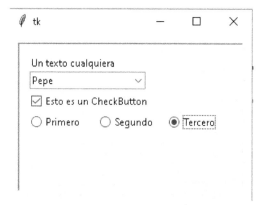

Al igual que en el *Checkbutton*, *Radiobutton* también admite el parámetro **command** para asignarle una definición cada vez que se pulse encima.

Ahora sí, vamos a ver qué hacemos con todos estos componentes que hemos colocado por ahí.

Leyendo los widgets

Ya tenemos todo el código preparado, al menos en lo que a visualmente hablamos... ¡No! Vamos a colocar un botón antes.

```
elboton = Button(frame, text="Probando", command=probar)
elboton.place(x=15,y=110)
```

Fíjate que no he puesto el ancho y alto, ya que se generarán automáticamente dependiendo del texto escrito.

Ahora, justo después de los **import**, añadimos uno más para los diálogos y creamos esta definición:

```python
from tkinter import *
from tkinter.ttk import *
from tkinter import messagebox

def probar():
    global estado
    global seleccionado
    mensaje="Esto es lo que ha pasado:\n"
    mensaje=mensaje+"El combo tiene: "+combo.get()+"
    escrito\n"
    if estado.get():
        mensaje=mensaje+"El CheckButton SÍ está
        activado\n"
    else:
        mensaje=mensaje+"El CheckButton NO está
        activado\n"

    if seleccionado.get()==1:
        mensaje=mensaje+"El RadioButton 1 está
        seleccionado\n"
    if seleccionado.get()==2:
        mensaje=mensaje+"El RadioButton 2 está
        seleccionado\n"
    if seleccionado.get()==3:
        mensaje=mensaje+"El RadioButton 3 está
        seleccionado\n"

    messagebox.showinfo('Resultados', mensaje)
```

Creamos una cadena llamada *mensaje*. Será aquí en donde iremos añadiendo cosas.

Leemos el combo con **get**() para añadir cosas al mensaje. Después leemos la **BooleanVar**, y dependiendo si es verdadera o falsa, añade una u otra frase al mensaje.

Lo mismo con la **IntVar**, dependiendo del valor, añadirá una u otra frase al mensaje que mostraremos mediante un **ShowInfo**.

¿Esto es una aplicación *multiventana*? Uhm… No, no lo es. Para ello hay que hacer más cosillas.

Simplemente hemos de definirla como nuevo objeto, igual que con la principal, lo mismo.

Vamos a ver cómo queda el código completo usando dos ventanas en vez de un diálogo.

```
from tkinter import *
from tkinter.ttk import *

def probar():
    ventana2=Tk()
    ventana2.geometry("300x150")
    et_mensaje=Label(ventana2, text="Un texto
    cualquiera")
    et_mensaje.place(x=15,y=15)
    bontoncillo= Button(ventana2, text="Cerrar",
    command=ventana2.destroy)
    bontoncillo.place(x=15,y=110)

    global estado
    global seleccionado
    mensaje="Esto es lo que ha pasado:\n"
    mensaje=mensaje+"El combo tiene: "+combo.get()+"
    escrito\n"
    if estado.get():
        mensaje=mensaje+"El CheckButton SÍ está
        activado\n"
```

```
    else:
        mensaje=mensaje+"El CheckButton NO está
        activado\n"

    if seleccionado.get()==1:
        mensaje=mensaje+"El RadioButton 1 está
        seleccionado\n"
    if seleccionado.get()==2:
        mensaje=mensaje+"El RadioButton 2 está
        seleccionado\n"
    if seleccionado.get()==3:
        mensaje=mensaje+"El RadioButton 3 está
        seleccionado\n"

    et_mensaje.config( text=mensaje)

root = Tk()
root.geometry("300x200")

frame = Frame(root)
frame.place(x=10,y=10)
frame.config(width=280,height=180, relief="sunken")

etiqueta = Label(frame, text="Un texto cualquiera")
etiqueta.place(x=15,y=15)

combo = Combobox(frame)
combo['values']= (1, 2, 3, 4, 5, "Pepe","Paco")
combo.current(5)
combo.place(x=15,y=35)

estado = BooleanVar()
estado.set(True)
chk = Checkbutton(frame, text='Esto es un CheckButton',
var=estado)
chk.place(x=15,y=60)

seleccionado = IntVar()
rad1 = Radiobutton(frame,text='Primero',
value=1,variable=seleccionado)

rad2 = Radiobutton(frame,text='Segundo',
value=2,variable=seleccionado)
```

```
rad3 = Radiobutton(frame,text='Tercero',
value=3,variable=seleccionado)

rad1.place(x=15,y=85)
rad2.place(x=100,y=85)
rad3.place(x=185,y=85)

elboton = Button(frame, text="Probando", command=probar)
elboton.place(x=15,y=110)

root.mainloop()
```

El resultado…

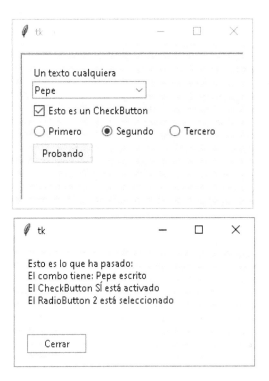

CAPÍTULO 19

Distribuyendo

Ya hemos llegado al final, y como todo programador, queremos que nuestras creaciones lleguen a amigos, familiares y a todos aquellos que estén dispuestos a pagar por disfrutar de nuestros códigos.

Pero Python tiene un sistema especial de distribución, y es que es un **Lenguaje Interpretado**, es decir, no vamos a tener instaladores ni ejecutables, simplemente nuestro código.

¿Y qué archivo es ese código?

Un fichero que tiene extensión py, y que con Thoony instalado, tendrá un icono como este:

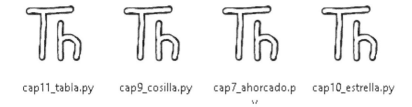

cap11_tabla.py   cap9_cosilla.py   cap7_ahorcado.p   cap10_estrella.py

Bueno, en realidad lo he fotografiado con cuatro códigos fuentes…

¿Y qué necesita un ordenador para ejecutar estos códigos?

Tener instalado un intérprete de Python, que la verdad, en la mayoría de sistemas operativos Linux ya viene integrado, pero por ejemplo, en Windows no.

Para obtenerlo hemos de ir a www.python.org y cliquear en la pestaña que pone "Download". Seleccionamos nuestro sistema operativo, y nos aparecerán las últimas versiones.

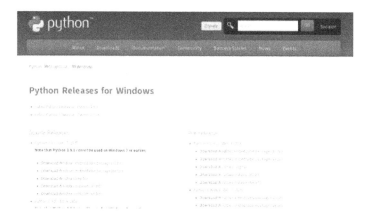

Ahí, justo debajo de "Stable Releases" tenemos una nueva lista. Hemos de seleccionar:

- Download Windows installer (32-bit)
- Download Windows installer (64-bit)

Dependiendo de tu sistema Windows, deberás de elegir la versión de 32 o 64 bits (Hoy en día casi todos los ordenadores ya tienen 64 bits, y en caso de que no sea, no te dejará instalarlo).

Cliqueamos y descargamos.

Y nada, instalamos como cualquier programa, pero mirad, en la primera pantalla en aparecer deberemos de activar la casilla (**CheckButton**, que nosotros ya sabemos de eso) que pone

"Add Python X.X to PATH":

Ahora sí, pulsamos en "Install Now" para que quede bien vestido el ordenador con el intérprete de Python.

¿Y cómo se ejecutan los py esos?

Depende... Si el ordenador no tiene instalado Thoony (O cualquier otro IDE), directamente haciendo doble clic sobre él se abrirá y ejecutará, pero en el caso de que sí tenga algún IDE, podremos hacer esto:

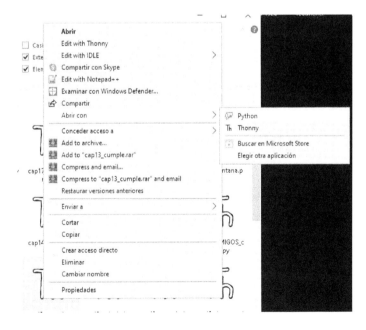

Con el botón derecho del ratón hacemos clic en el py, después buscamos "Abrir con…" y en la lista, seleccionamos "Python"… Así de fácil.

```
C:\WINDOWS\py.exe

DICCIONARIO
Castellano
     a
Pitoniano

Escribe la palabra que quieres traducir
    (Para salir escribe salir)
comer
>>>>>
comer en pitoniano es sh
>>>>>

DICCIONARIO
Castellano
     a
Pitoniano

Escribe la palabra que quieres traducir
    (Para salir escribe salir)
```

¡Ahora se ejecuta en una ventana negra!

Espero que te haya gustado este libro, y que por supuesto, hayas disfrutado aprendiendo uno de los mayores lenguajes de programación de hoy en día.

Pero recuerda, Python es mucho más de lo que hemos visto, cuando termines sabiendo todo esto, buscando en internet encontrarás muchísimas más funcionalidades.

Examen

Nivel

Boss

Programar con Python ¡Mola!

Ya hemos terminado la tercera parte del libro, y si quieres conseguir el diploma que acredita que has aprendido todas y cada una de las palabras que tiene (Bueno, todas… todas…), has de hacer el ejercicio que te propongo, y enviarme el código fuente (El fichero que guardas cuando ejecutas el programa) a esta dirección de email:

dmanchado1977@gmail.com

Una vez que lo compruebe, te enviaré de vuelta el diploma en formato PDF para que puedas presumir de él.

Acuérdate de enviarme los siguientes datos:

- Nombre y Apellido
- Edad
- Localidad y provincia
- Email de respuesta

Pues ya está, ahora a resolver.

EJERCICIO NIVEL BOSS:

```
Un programa con ventanita (GUI) en el que me
muestra la hora y la fecha en dos etiquetas
diferentes.
Las etiquetas han de ser de color negro y cada una
de ellas, con una letra de color diferente.
```

¡SUERTE!

ANEXO I

Funciones
Importantes

Funciones específicas de cadenas de texto

print()

Imprime en pantalla el argumento.

```
EJEMPLO: Print("Hola")
RESULTADO: "Hola"
```

len()

Determina la longitud en caracteres de una cadena.

```
EJEMPLO: len("Hola")
RESULTADO:    4
```

join()

Convierte en cadena usando una separación.

```
EJEMPLO: lista=["hola", "caracola"]
         "-".join(lista)
RESULTADO: "hola-caracola"
```

split()

Convierte una cadena con un separador en una lista

```
EJEMPLO: frase = "Esto será una lista"
         lista = frase.split()
         print (lista)
RESULTADO: ["Esto","será","una","frase"]
```

replace()

Reemplaza una cadena por otra

```
EJEMPLO:   frase = "pepe es muy feo"
           print ( frase.replace("es","era")
RESULTADO: "pepe era muy feo"
```

upper()

Convierte una cadena en mayúsculas.

```
EJEMPLO:   frase="hola pepe"
           frase.upper()
RESULTADO: "HOLA PEPE"
```

lower()

Convierte una cadena en minúsculas.

```
EJEMPLO:   frase="hoLa Pepe"
           frase.lower()
RESULTADO: "hola pepe"
```

Funciones numéricas

range()

Crea un rango de números.

```
EJEMPLO:    lista=range(4)
            print (list(lista))
RESULTADO: [0,1,2,3]
```

str()

Convierte un valor numérico a texto.

```
EJEMPLO:    str(22)
RESULTADO: "22"
```

int()

Convierte a valor entero.

```
EJEMPLO:    int("22")
RESULTADO: 22
```

float()

Convierte a un valor de coma flotante.

```
EJEMPLO:    float("2.45")
RESULTADO: 2.45
```

max()

Determina el máximo entre un grupo de números.

```
EJEMPLO:    lista=[1,2,3,4]
            print (max(lista))
RESULTADO: 4
```

min()

Determina el mínimo entre un grupo de números.

```
EJEMPLO:    lista=[1,2,3,4]
            print (min(lista))
RESULTADO: 1
```

sum()

Suma el total de una lista de números.

```
EJEMPLO:    lista=[1,2,3,4]
            print (sum(lista))
RESULTADO: 10
```

Otras funciones útiles de Python

list()

Crea una lista a partir de un elemento.

```
EJEMPLO:    x=range(5)
            print (list(x))
RESULTADO: [0,1,2,3,4]
```

tuple()

Crea o convierte una tupla.

```
EJEMPLO:    x=range(5)
            print (tuple(x))
RESULTADO: (0,1,2,3,4)
```

open()

Abre, crea, edita un archivo.

```
EJEMPLO:    with open("ejercicio.py","w") as variables:
                variables.writelines("Eje")
RESULTADO: Crea el archivo "ejercicios.py" con el
           contenido "Eje".
```

ord()

Devuelve el valor ASCII de una cadena o carácter.

```
EJEMPLO:    print(ord("A"))
RESULTADO: 65
```

round()

Redondea después de la coma decimal.

```
EJEMPLO:   print(round(12.877))
RESULTADO: 13
```

type()

Devuelve el tipo de un elemento o variable.

```
EJEMPLO:   type(vaiable)
RESULTADO: <class 'integer'>
```

input()

Permite la entrada de datos al usuario.

```
EJEMPLO:   num=int(input("Teclea un número")) >>> 3
           print (str(num))
RESULTADO: 3
```

ANEXO II

Tabla de
Colores

Colores principales.

Nombre del color	Valor Hexadecimal #RRGGBB	Valor Decimal (R,G,B)
Black	#000000	(0,0,0)
White	#FFFFFF	(255,255,255)
Red	#FF0000	(255,0,0)
Lime	#00FF00	(0,255,0)
Blue	#0000FF	(0,0,255)
Yellow	#FFFF00	(255,255,0)
Cyan / Aqua	#00FFFF	(0,255,255)
Magenta / Fuchsia	#FF00FF	(255,0,255)
Silver	#C0C0C0	(192,192,192)
Gray	#808080	(128,128,128)
Maroon	#800000	(128,0,0)
Olive	#808000	(128,128,0)
Green	#008000	(0,128,0)
Purple	#800080	(128,0,128)
Teal	#008080	(0,128,128)
Navy	#000080	(0,0,128)

Colores adicionales.

Nombre del color	Valor Hexadecimal #RRGGBB	Valor Decimal R,G,B
maroon	#800000	(128,0,0)
dark red	#8B0000	(139,0,0)
brown	#A52A2A	(165,42,42)
firebrick	#B22222	(178,34,34)
crimson	#DC143C	(220,20,60)
red	#FF0000	(255,0,0)
tomato	#FF6347	(255,99,71)
coral	#FF7F50	(255,127,80)
indian red	#CD5C5C	(205,92,92)
light coral	#F08080	(240,128,128)
dark salmon	#E9967A	(233,150,122)
salmon	#FA8072	(250,128,114)
light salmon	#FFA07A	(255,160,122)
orange red	#FF4500	(255,69,0)
dark orange	#FF8C00	(255,140,0)
orange	#FFA500	(255,165,0)
gold	#FFD700	(255,215,0)
dark golden rod	#B8860B	(184,134,11)
golden rod	#DAA520	(218,165,32)
pale golden rod	#EEE8AA	(238,232,170)
dark khaki	#BDB76B	(189,183,107)
khaki	#F0E68C	(240,230,140)
olive	#808000	(128,128,0)
yellow	#FFFF00	(255,255,0)
yellow green	#9ACD32	(154,205,50)
dark olive green	#556B2F	(85,107,47)
olive drab	#6B8E23	(107,142,35)
lawn green	#7CFC00	(124,252,0)
chart reuse	#7FFF00	(127,255,0)
green yellow	#ADFF2F	(173,255,47)
dark green	#006400	(0,100,0)
green	#008000	(0,128,0)
forest green	#228B22	(34,139,34)
lime	#00FF00	(0,255,0)
lime green	#32CD32	(50,205,50)
light green	#90EE90	(144,238,144)
pale green	#98FB98	(152,251,152)

dark sea green	#8FBC8F	(143,188,143)
medium spring green	#00FA9A	(0,250,154)
spring green	#00FF7F	(0,255,127)
sea green	#2E8B57	(46,139,87)
medium aqua marine	#66CDAA	(102,205,170)
medium sea green	#3CB371	(60,179,113)
light sea green	#20B2AA	(32,178,170)
dark slate gray	#2F4F4F	(47,79,79)
teal	#008080	(0,128,128)
dark cyan	#008B8B	(0,139,139)
aqua	#00FFFF	(0,255,255)
cyan	#00FFFF	(0,255,255)
light cyan	#E0FFFF	(224,255,255)
dark turquoise	#00CED1	(0,206,209)
turquoise	#40E0D0	(64,224,208)
medium turquoise	#48D1CC	(72,209,204)
pale turquoise	#AFEEEE	(175,238,238)
aqua marine	#7FFFD4	(127,255,212)
powder blue	#B0E0E6	(176,224,230)
cadet blue	#5F9EA0	(95,158,160)
steel blue	#4682B4	(70,130,180)
corn flower blue	#6495ED	(100,149,237)
deep sky blue	#00BFFF	(0,191,255)
dodger blue	#1E90FF	(30,144,255)
light blue	#ADD8E6	(173,216,230)
sky blue	#87CEEB	(135,206,235)
light sky blue	#87CEFA	(135,206,250)
midnight blue	#191970	(25,25,112)
navy	#000080	(0,0,128)
dark blue	#00008B	(0,0,139)
medium blue	#0000CD	(0,0,205)
blue	#0000FF	(0,0,255)
royal blue	#4169E1	(65,105,225)
blue violet	#8A2BE2	(138,43,226)
indigo	#4B0082	(75,0,130)
dark slate blue	#483D8B	(72,61,139)
slate blue	#6A5ACD	(106,90,205)
medium slate blue	#7B68EE	(123,104,238)
medium purple	#9370DB	(147,112,219)
dark magenta	#8B008B	(139,0,139)
dark violet	#9400D3	(148,0,211)
dark orchid	#9932CC	(153,50,204)

medium orchid	#BA55D3	(186,85,211)
purple	#800080	(128,0,128)
thistle	#D8BFD8	(216,191,216)
plum	#DDA0DD	(221,160,221)
violet	#EE82EE	(238,130,238)
magenta / fuchsia	#FF00FF	(255,0,255)
orchid	#DA70D6	(218,112,214)
medium violet red	#C71585	(199,21,133)
pale violet red	#DB7093	(219,112,147)
deep pink	#FF1493	(255,20,147)
hot pink	#FF69B4	(255,105,180)
light pink	#FFB6C1	(255,182,193)
pink	#FFC0CB	(255,192,203)
antique white	#FAEBD7	(250,235,215)
beige	#F5F5DC	(245,245,220)
bisque	#FFE4C4	(255,228,196)
blanched almond	#FFEBCD	(255,235,205)
wheat	#F5DEB3	(245,222,179)
corn silk	#FFF8DC	(255,248,220)
lemon chiffon	#FFFACD	(255,250,205)
light golden rod yellow	#FAFAD2	(250,250,210)
light yellow	#FFFFE0	(255,255,224)
saddle brown	#8B4513	(139,69,19)
sienna	#A0522D	(160,82,45)
chocolate	#D2691E	(210,105,30)
peru	#CD853F	(205,133,63)
sandy brown	#F4A460	(244,164,96)
burly wood	#DEB887	(222,184,135)
tan	#D2B48C	(210,180,140)
rosy brown	#BC8F8F	(188,143,143)
moccasin	#FFE4B5	(255,228,181)
navajo white	#FFDEAD	(255,222,173)
peach puff	#FFDAB9	(255,218,185)
misty rose	#FFE4E1	(255,228,225)
lavender blush	#FFF0F5	(255,240,245)
linen	#FAF0E6	(250,240,230)
old lace	#FDF5E6	(253,245,230)
papaya whip	#FFEFD5	(255,239,213)
sea shell	#FFF5EE	(255,245,238)
mint cream	#F5FFFA	(245,255,250)
slate gray	#708090	(112,128,144)

light slate gray	#778899	(119,136,153)
light steel blue	#B0C4DE	(176,196,222)
lavender	#E6E6FA	(230,230,250)
floral white	#FFFAF0	(255,250,240)
alice blue	#F0F8FF	(240,248,255)
ghost white	#F8F8FF	(248,248,255)
honeydew	#F0FFF0	(240,255,240)
ivory	#FFFFF0	(255,255,240)
azure	#F0FFFF	(240,255,255)
snow	#FFFAFA	(255,250,250)
black	#000000	(0,0,0)
dim gray / dim grey	#696969	(105,105,105)
gray / grey	#808080	(128,128,128)
dark gray / dark grey	#A9A9A9	(169,169,169)
silver	#C0C0C0	(192,192,192)
light gray / light grey	#D3D3D3	(211,211,211)
gainsboro	#DCDCDC	(220,220,220)
white smoke	#F5F5F5	(245,245,245)
white	#FFFFFF	(255,255,255)

Dani Manchado

www.ingramcontent.com/pod-product-compliance
Lightning Source LLC
LaVergne TN
LVHW051225050326
832903LV00028B/2254